부동산
창업의 기술

공인중개사 실무경험 노하우
부동산 창업의 기술

초판 1쇄 인쇄   2024년 07월 22일
초판 1쇄 발행   2024년 08월 09일

신고번호   제313-2010-376호
등록번호   105-91-58839

지은이   정광주

발행처   보민출판사
발행인   김국환
기획   김선희
편집   박영수
디자인   김민정

ISBN   979-11-6957-185-2   03320

주소   경기도 파주시 해올로 11, 우미린더퍼스트@ 상가 2동 109호
전화   070-8615-7449
사이트   www.bominbook.com

• 가격은 뒤표지에 있으며, 파본은 구입하신 서점에서 교환해드립니다.
• 이 책은 저작권법에 의하여 보호를 받는 저작물이므로 무단 전재와 복사를 금합니다.

공인중개사 실무경험 노하우

부동산 창업의 기술

방구대장 정광주 지음

공인중개사, 중개보조원, 부동산업에 관심 있는
일반인을 위하여 창업 전에 알아야 할 귀한 경험을 담았다.

머리말

좋은 사무실 취직하는 법

복사해서 붙여넣기, CTRL C+V가 아닌,
내가 흘린 땀방울을 한 땀 한 땀 엮은 책이다.
내가 흘린 땀방울이 당신에게 전달되어,
반드시 피와 살이 되어줄 것이다.

공인중개사는 **매우 의미 있는 직업이다.** 누군가에게 새로운 삶의 터전을 마련해준다. 누군가에게 사업의 기반을 만들어준다. 누군가에게 노후의 안정된 삶을 보장해준다. 중개업의 역사는 매우 오래전으로 거슬러 올라간다. 조선시대, 고려시대를 넘어 인류의 역사와 함께한 직업이라 해도 과언이 아니다. 직업의 역사에 비해, 정립된 직업의 매뉴얼이나 체계는 거의 없다고 보는 것이 맞다. 정확히 표현하면, 직업의 매뉴얼이나 체계가 무수히 다양해서 굳이 정확한 방법을 정립하는 것이 무의미한 일이다. 각각의 개업공인중개사들이 가진 경험적인 부분들이 충분히 축적되고 체계화되지 못했다. 그만큼 제각각인 것이다. 이 책은, 스스로 직업의 매뉴얼을 정립할 수 있는 밑바탕이 될 것이다.

부동산중개업의 성공을 위해 가장 중요한 것은 현장에서의 경험이다. 중개실무를 알려주는 책은 많다. 중개실무를 가르쳐 주는 기관도 많다. 모두 좋은 내용이고 좋은 강의다. 하지만, 그 책을 읽고, 그 강의를 듣고 실제로 그렇게 할 수 있는가에 대한 질문을 던지고 싶다. 책이나 강의는 기본적인 지식을 제공할 뿐, 실제 상황에서 빠른 판단과 문제 해결 능력은 경험에서 비롯된다. 이 책을 통해 나의 경험을 간접적으로 느껴보기 바란다. 중개업의 다양한 상황을 마주할 때, 본능적인 행동방법을 터득할 수 있기를 희망한다. 어떤 상황에서도 침착하고 정확한 대응을 할 수 있을 것이다.

이해를 돕기 위해 이 책의 구성을 **창업결심, 창업준비, 업무개시, 성장 단계**(2권『부동산 계약서의 기술』)**, 폭풍 성장 단계, 방구대장 비법**으로 나누었다. 가감 없는 나의 경험과 이야기가 중개업에 도전하는 자들에게 도움이 되었으면 좋겠다. 책을 쓰면서, 나의 경험에 대한 전달을 통해 독자에게 간접경험을 드리는 부분에 대한 신경을 많이 썼다. 아울러 중개업에서 지식의 전달보다, 그 개념, 마인드, 지혜를 어떻게 터득할 것인가에 대한 방법을 전달해드리기 위해 노력했다. 차근차근 끝까지 읽으면서, 방구대장이 드리려고 했던 것, 그 방법이 무엇인지 느꼈으면 좋겠다.

성공은 단기간에 이루어지지 않는다. 지속적인 현장활동, 경험의 축적, 학습 그리고 인내가 필요하다. 한 걸음, 한 걸음 경험과 노하우를 쌓아 나가야 한다. 축적된 지혜는 가치를 발견하게 해준다. 이러한 과정에서 자신과 고객 모두에게 만족을 줄 수 있는 중개사가 되기를 바란다. 이 책이 바로 그 길을 걸어가는 데 있어 첫걸음 그리고 나침반 역할을 할 것이다.

이 책은 창업을 위해 쓰인 책이다. 물론 내용의 다수가 공인중개사의 업과 관련된 내용이라 공인중개사 또는 중개보조원, 부동산에 관심이 있는 일반인이 읽어도 상당히 흥미로울 것이다. 많은 사람이 내게 물어본다.

"좋은 중개사무소에 취직하려면 어떻게 해야 하나요?"

"좋은 사장님 만나려면 어떻게 해야 하나요?"

부동산 취업을 위한 꿀팁 한 가지 소개하고, 부동산 창업의 기술 시작하겠다. **먼저 좋은 사장은 없다.** 취직하는 단계에서 좋은 사장인지, 나쁜 사장인지 알 수 없다는 뜻이다. 좋은 사장인지, 나쁜 사장인지는 일을 끝낼 때 스스로 평가할 수 있는 부분이다. 사람과 사람의 사이는 관계로 형성된다.

좋은 사무실은 있다. 첫 번째는 물건 많은 사무실이다. 사무실의 공유물건이 없는 곳이 있다. 모두 각자 플레이. 공유물건이 적은 곳도 있다. 직원들이 사무실 물건을 관리 안 한다는 뜻. 사무실 공용매물장이 두둑한 곳도 있다. 사무실의 물건이 관리 잘 된다는 것은 그만큼

그 사무실의 역량이 크다는 것이다. 사무실 공용물건이 많다는 것은 중개업 시작 단계에서 마음껏 달릴 수 있는 운동장 역할을 한다. 취업 면접을 보면서, 사무실 물건을 어떻게 관리하는지, 얼마나 있는지 물어보자. 왜 물어보냐고 물어보면, "하루에 하나씩 포스팅하려고 하는데요, 며칠 만에 완료할 수 있을지 생각해봤어요"라고 얘기하자. 사장님들이 매우 좋아할 것이다.

두 번째 좋은 사무실은 코너 자리에 위치하고 인테리어 깔끔한 쾌적한 공간을 가진 사무실이다. 후미진 사무실은 사장님이 인자한 분이라도 취업했을 때 발전 속도가 더디다는 것이 내 경험이다. 코너 자리 반짝반짝한 사무실의 직원들은 열심히 뛰지만, 구석 자리 음침한 사무실의 직원은 활동하지 않는다. 손님이 많아야 배우는 것이 많다.

인터넷으로 이력서 넣고 면접 볼 고민하지 말자. 백지도를 그리자(나중에 알게 된다). 간략한 이력서 한 부 출력해서 가슴에 넣어라. 동네에서 위치 좋은 곳의 반짝반짝 환한 사무실로 찾아가라.

"사장님, 부동산 일을 하고 싶습니다. 혹시 직원 안 뽑으세요?"

이렇게 물어보면 된다. 직원이 필요한 사장이라면, "앉으시죠." 하고 이야기를 이어 나갈 것이다. 그러면 근무조건도 물어보고, 성과급도 물어보고, 내가 뭘 잘하는지도 얘기해주며 대화를 나누면 된다. "말씀 잘 들었습니다. 감사합니다. 연락드릴게요." 하면 되는 것이다. 대부분 사장은 직원을 뽑고 싶어 한다. 복덩이가 제 발로 찾아오다니 얼마나 감사한 일인가! 만약, "저희는 사무실에 자리가 없네요"라고 얘기하면, 한 번 더 부탁해야 한다.

"사장님, 혹시 주변에 일 잘하시고, 직원들도 잘 관리해주시는 사장님 추천 부탁드립니다. 제가 식사라도 대접하겠습니다."

이렇게 하면, 그 지역에서 평판이 괜찮은 사무소를 추천해줄 것이다. 틀림없이.

나는 개설등록 실무교육을 마치고, 우리 동네에서 가장 큰 코너자리 사무실로 갔다.

"사장님, 취직시켜 주세요."

코너 사장님은 1초의 망설임 없이 이렇게 말했다.

"우리 사무실은 지금 자리가 없고, 따라오게."

그리고는 바로 옆 사무실로 갔다. 바로 옆 5m. 그곳에서 만난 나의 첫 대표님이자 스승님이 하신 말씀.

"앞으로 잘해보세."

나는 그렇게 취업에 성공했다. 우리 사장님도, 코너 사장님도 모두 좋은 분이셨다. **인터넷 채용공고, 헛소리가 많다.** 인터넷으로 이력서 내는 것보다, 현장에서 느껴보자. 훨씬 정확할 것이다.

나는 이제 정말로, 부동산 창업 얘기를 시작한다. 달려보자. 쉽게 술술 읽으며 부동산 창업에 대한 감을 잡아보자.

2024년 7월

방구대장 **정광주**

목차

머리말 • 4

제1장. 창업결심

01. 중개업, 비전 있나? • 12
02. 창업 결심, 강남에 강남공인중개사 • 17
03. 입지가 성공의 반이라며? • 24
04. 권리금이 1억? • 36
05. 공인중개사도 코가 베인다 • 42
06. 네트워크의 허와 실 • 49

제2장. 본격 창업준비

01. 나침반을 준비하고 항해를 떠나라 • 56
02. 백지도에 그리면 내 땅이 된다 • 62
03. 효과적이고 빠른 업무를 위한 세팅 • 69
04. 성장에 적합한 사무실 운영 • 78
05. 법인과 개인, 일반과 간이 • 84
06. 계약부터 인테리어까지 • 94

제3장. 업무개시

01. 블로그, 하루에 몇 콜 • 102
02. 물건을 접수하고 관리하는 노하우 • 108

03. 공실열람확인표 • 115
04. "원, 투, 쓰리, 포" • 120
05. 단순하게, 자신 있게 • 126
06. 블로그라 했지만, 블로그가 아니다 • 131
07. 광고대장 • 135
08. 또 블로그 • 143
09. 클로징과 가격협상 노하우 • 146

제4장. 폭풍 성장 단계

01. 파는 기술, 씨밥과 포장 • 154
02. 대화와 설득의 기술, 펌프질 • 160
03. 깊이를 더하는 기술, 데이터 수집 • 166
04. 파트너를 대하는 기술, 쉽지 않네 • 173
05. 법령에 대해서 • 179
06. 판례를 보는 법 • 186

제5장. 방구대장 비법

01. 비밀로 가득 찬 방구대장의 시크릿 노트 • 200
02. 독점부동산이 될 수 있었던, 플랜 두 시 • 205
03. 삐끼가 공인중개사보다 더 잘 버는 이유 • 212
04. 걱정하지 마라 • 218
05. 눈에 보이지 않는 투자 • 225
06. 3개의 비단 주머니 • 229

[부록] 공인중개사 현황 • 236
맺음말 • 241

| 제1장 |

창업결심

01

중개업, 비전 있나?

창업하기 전에 **중개업의 비전을 고민**하는 사람들이 많다. 비전이 있으면 창업하고, 비전이 없으면 창업 안 할 건가? 그러려고 자격증 땄나? 비전은 없는데 지금도 돈 잘 버는 사람 부지기수고, 부동산으로 돈이 몰리고 있는데 부동산사무실을 폐업하는 사람도 많이 봤다. 비전을 묻기 전에 스스로 덤빌 자신이 있는지 물어보고 뛰어들지, 포기할지 결정해라. 경제상황과 비전과 같은 개념들은 망설이는 자에게 **허울 좋은 핑계**에 지나지 않는다는 것을 명심하고, 중개업의 비전에 관한 이야기를 해보자.

결론부터 말하면, **중개업은 비전이 있다.** 내가 공인중개사라서 이런 얘기 하는 거다. 중개사로서 볼 때 비전이 있으므로 비전이 있다고 하는 것이다. 몇 가지를 근거로 설명해보자.

부동산, 아파트, 집은 모두 다르다. 부동산은 개별성이 매우 크다. 그나마 아파트는 개별성보다는 유사성이 강한 부동산이지만, 이 아파트도 뜯어보면 집집마다 다른 면이 있다. 이러한 개별성으로 인해 플랫폼의 접근이 매우 어렵다. 쉽게 말해 중고차라면 차종, 연식, 색상, 옵션으로 명확하게 구분해서 시장을 플랫폼화할 수 있지만, 부동산은 그렇지 않다. "직방, 다방이라는 플랫폼이 있지 않나요?"라고 이야기할 수도 있다. 하지만 직방과 다방 모두 **중개사들의 광고 플랫폼**이지 중개의 플랫폼으로 보기에는 아직 미흡한 면이 많다.

2010년 설립된 직방은 부동산 광고 플랫폼으로 고공 성장을 했다. 작년과 올해 기업공개(IPO)를 준비 중이지만 작년의 영업 손실이 큰 탓에 구체적인 일정을 정하지 못하고 있다는 분석이 지배적이다. 다방은 실적 부진을 만회하기 위해 중개사와의 상생을 선택하기로 한 것이 느껴진다. 광고의 시작부터 **"중개사님 주목! 좋은 방만 올려주세요"**라고 예쁘게 강조하면서 홍보를 한다.

"중개업은 플랫폼이 장악할 거야"와 같은 의미 없는 불안감으로 시간을 허비하지 않았으면 좋겠다. 설령 10년 후 중개업 또는 부동산 관련 플랫폼이 시장을 잠식하더라도, 그 플랫폼 생태계에서 중개사의 역할은 필요하기 때문이다.

부동산 계약은 전재산을 다루는 일이다. 또 사회에 첫발을 내디뎠을 때, 세상과 온전히 처음 마주하는 순간이다. 플랫폼에 표기된 스펙만 보고 거래를 할 수 없는 일이다. 누가 어떻게 일하냐에 따라 작게는 수백만 원, 많게는 수억 원까지 가격 차이가 날 수 있다.

최근 0.1% 사기꾼 중개업자들 때문에, 성실한 공인중개사들이 괜한 어려움을 겪고 있다. 정부에서 푸대접을 받고 있다. 대부분 공인중개사는 양심과 사명감이 충만하다. 고객의 안전한 주거를 위한 충실한 설명, 사회생활 첫 계약의 안내를 잘해주고 있다. 학교를 졸업하고 사회생활을 시작하면서 주택임대차계약을 체결해보았으면 알 것이다. 지방에 계신 부모님이 상경하셔서, 함께 계약을 체결하려고 하신다. 부동산의 안내를 받는 아들에게 전화하셔서 신신당부하신다. 동네에 있는 부동산에 찾아가서 설명 잘 듣고, 등기부등본 확인 잘하고, 특약사항 잘 읽어보고 계약을 하는 것이 국룰이다. 체크리스트 만들어서, 중개사에게 같이 하나하나 확인해 달라고 부탁하는 사회초년생들을 보면 흐뭇하게 느껴질 때도 있다. 단순히 플랫폼이 대신해줄 수 없는 일들이 아직 많다.

"인구가 감소하는데, 부동산 거래가 계속 많을까요?"

이런 질문도 종종 받는다. 인구가 감소하는 것 맞다. 누군가는 인구는 감소하지만, 1인 가구의 증가로 가구 수는 증가하니 부동산 거래는 많아질 거라고 얘기한다. 나는 그런 말 다 필요 없다고 얘기한다. 지금 부동산중개업을 시작해서 20년 동안 자신이 바라는 성공과 안정적인 직장을 만들기 위해 일한다고 생각해보자. 당신이 일하는 20년 동안 인구 감소로 인한 부동산 거래절벽은 오지 않는다. 매년 부동산 거래가 1~2%씩 줄어들지언정, 이 수치는 당신의 성공과 실패에 영향을 미칠 수 있는 절대적인 수치가 아님을 느꼈으면 좋겠다.

지금 있는 공인중개사도 폐업하는 마당이다. 미래 사회에서 공인중개사가 비전이 없을 것이라고 걱정하는 사람들의 마음은 이해한다. 이는 공인중개사의 장래성이 없어지는 게 아닌 변화하고 있는 생태계에 적응하지 못하는 이탈하고 있는 사람들이 많다는 뜻이다. **부동산 업계는 변화**하고 있다. 앞서 말한 1인 가구의 증가, 매체의 변화, 나이와 세대의 다양화, 가치관의 다양화, 수요의 다양화 등 세상은 빠르게 변화하고 있다. 변화를 거부한다면 살아남기 어렵다. 과거에는 중개사무소의 능력치에 따른 편차 없이 골고루 시장의 거래를 나눠서 하던 시기였다면, 지금은 **차별화되고 발 빠른 부동산에서 더 큰 수익**을 가져가는 구조로 바뀌고 있다.

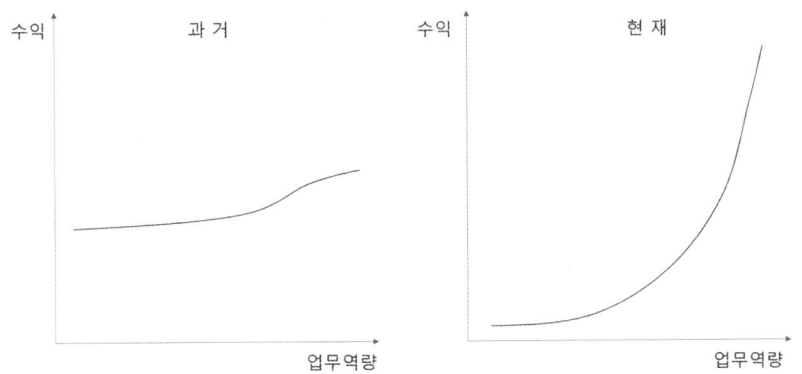

내가 이렇게 설명했다고, "나는 나이가 많고 컴퓨터를 잘 못 다루니 어렵지 않을까?" 하는 지레짐작은 하지 않기를 바란다. 지금 60대, 70대 중개사님들도 여전히 현역으로 활동하고 계신다. 그분들 스스로 필요한 PC, 스마트폰, 인공지능 모두 잘 활용하고 계신다. 오히려 훨씬 노련하게 필요한 기능만 콕 짚어 사용하고 계신다. 중요한 것은 한 번 해보고, 두 번 해보고, 될 때까지 하는 것이다. 한두 번 하고, "이거 어렵네, 나랑 안 맞아"라고 하면, 당신에게 맞는 것은 아무것도 없을 것이다. **부동산중개업의 비전은 20년, 10년 전이나 후나 달라지지 않는다. 당장 들어와라.** 그리고 열심히 달리면 보일 것이다. 비전은 선명해질 것이다.

02
창업 결심, 강남에 강남공인중개사

바로 본론으로 들어가자.

창업을 결심하고 가장 중요한 것은 "상호"이다. 중개업은 상호의 중복이 매우 많다. "부자" "대박" "믿음" "소망" "행복" "석사" "박사" "현대" "삼성" "강남" 등등 짧게 생각해도 수십 가지의 상호들이 쏟아진다. 이름이 왜 중요한지, 어떤 이름이 좋은지 장단점을 비교해보자.

이름은 왜 중요할까? 상호는 창업 초기에 결정된다. 업무능력은 사업을 하면서 계속 발전시키면 되고, 전화번호는 계속 추가하면 된다. 직원들도 들어오고 나가고, 어찌 보면 당연한 것이다. 하지만 **상호는 처음 결정하게 되면, 다시 바꿀 수 없다.** 아예 바꿀 수 없는 것은 아니지만, 상호를 바꾸게 되면 처음부터 다시 시작한다는 의미를 가진다. 굳이 "예전에 ○○부동산이었습니다." 이렇게 두 번 설명해야 한다. ○○부동산의 정체성을 그대로 이어 오기가 쉽지 않다. 상호는 단순히 사업의 이름을 넘어서 사업의 이미지, 브랜드 가치, 고객이 사업을 인식하는 방식에 직접적인 영향을 미치게 된다.

다음은 부동산 창업에서 내가 상호의 중요성을 강조하는 몇 가지 핵심 포인트이다.

첫 번째, 가장 중요하게 여기는 것은 **상호가 주는 첫인상**이다. 고객에게 긍정적이고 기억에 남는 상호를 선택하는 것이 중요하다. 상호에서부터 고객의 호감도를 높일 수 있게 된다면 구태의연한 상호를 가진 개업공인중개사보다 최소 10% 이상은 훨씬 더 빨리 성장할 수 있을 것이라 확신한다. 정말 구태의연한 상호는 버리라는 조언을 꼭 전한다.

두 번째는 **브랜드의 정체성과 스토리**에 관한 내용이다. 부동산중개업을 하다 보면, 1~2년 안에 지속 가능한 성장에 의문을 가질 것이다. 운 좋게 첫 계약을 하고, 한 달에 여러 건의 계약을 하면서 최소한의 사무실을 유지하고 있는데, 성장이 느려지는 느낌을 받는다. 직장생활을 하는 것보다 훨씬 열심히 일하지만, 직장인의 월급에 못 미치는 수입을 가져가는 경우도 부지기수다. 이럴 때 꾸준한 성장과 지속적인 발전을 위해서 필요한 것이 브랜드이고 정체성이다.

사업경력이 쌓이고, 업무결과가 누적될수록 브랜드는 힘을 받는다. 창업할 때의 가치와 비전을 담아서 이름을 정하게 되면, 성장이 정체된다고 느껴질 때 반드시 큰 힘을 준다. 나에게는 "방구대장"이라는 브랜드가 그런 의미가 있다. 아무리 힘들어도 나는 "방구대장이야!"라는 느낌을 다시 떠올리면서 힘을 얻는다.

　세 번째는 **검색엔진 최적화**이다. 내가 공인중개사로 처음 근무한 곳은 경북 포항시에 있는 강남공인중개사였다. 당시에 대표님이 나에게 최고의 스승이자, 선배님이셨기에 경기 화성시로 사무실을 이전 개업하면서도 "강남공인중개사"라는 상호를 그대로 사용하여, "향남대표강남공인중개사사무소"라는 상호를 사용하게 되었다. 화성시 향남읍에 있는데, 강남공인중개사라고 하니, 블로그를 통해서 강남구 원·투룸에 대한 문의가 하루에 한 건 이상 들어왔다. 조금 귀찮기도 했다. 다른 한편으로는 강남이라는 큰 시장을 이용해서 내 블로그가 계속 홍보되니, 조회 수가 높아질 거라는 막연한 긍정적 부작용도 기대했었다.

　하지만, 기대한 긍정적 부작용은 크지 않았고, 의미 없는 전화를 받는 번거로움이 훨씬 많았다. 그리고, 포스팅을 하면서 위치정보를 함께 등록하며 긍정적 부작용은 거의 없고, 가끔 불필요한 전화를 받는 일들만 남게 되었다.

　검색엔진 최적화를 하면서 수요자들의 행동패턴을 알 수 있다. 네이버 검색광고 사이트에서 검색광고 도구를 이용하면, 수요자들이 선호하는 키워드를 알 수 있다. 다음 표에서 보이는 것처럼 "대치동원룸부동산중개"라는 상호를 사용하게 되면, 대치동 원룸에 관한 검색에서 상대적으로 노출에 유리한 면을 얻을 수 있다. 하지만, 너무 구체적으로 표현한 탓에 업무 범위를 국한하는 느낌을 강하게 줄 수 있다.

전체추가	연관키워드	월간검색수		월평균클릭수		월평균클릭률		경쟁정도	월평균노출 광고수
		PC	모바일	PC	모바일	PC	모바일		
추가	대치동원룸	180	650	1.2	23.2	0.63 %	3.59 %	높음	15
추가	대치동부동산	230	340	1.1	3.3	0.47 %	0.96 %	중간	8
추가	대치동오피스텔	150	980	0.6	9.8	0.40 %	1.05 %	높음	7
추가	강남부동산	840	2,070	7.9	25.6	1.02 %	1.31 %	높음	15
추가	강남원룸	310	1,060	3.5	23.8	1.18 %	2.30 %	중간	13
추가	강남월세	450	1,770	1.7	20.5	0.42 %	1.22 %	중간	8
추가	강남투룸	50	250	0.7	5.3	1.33 %	2.14 %	높음	7
추가	논현동월세	130	570	1.9	5.5	1.48 %	1.02 %	높음	9
추가	역삼동원룸	140	540	0.8	13	0.64 %	2.53 %	높음	15
추가	대치동고시원	150	490	2.2	39.4	1.71 %	8.80 %	높음	15
추가	대치동투룸	20	120	0.3	1.9	1.51 %	1.80 %	높음	7

　표에서 보이는 "강남부동산"처럼 지명을 그대로 사용한 상호를 쓰게 되면 여기저기 있는 수많은 강남부동산과 혼동될 것이다. 강남구에 개설 등록되어 있는 중개사무소가 3,000곳이 넘는다. 그중에 상호에 강남을 포함한 사무소는 281개이다. "강남공인중개사사무소"는 32개이다. 광고를 본 손님이 사무실에 방문하기 위해 "강남○○부동산"이라고 검색을 하면, 검색결과가 너무나 많아 찾아가기도 쉽지 않다. 자칫, 다른 사무실에 갈 수도 있다.

　단순한 지명의 사용은 상표권 등록에서 반려될 가능성이 크다. 현저한 지리적 명칭이나 그 약어로 된 상표는 상표등록을 인정할 수 없다고 법에 규정되어 있기 때문이다. 상표권에 대해 고민까지 하는 건 조금 과할 수도 있겠지만, 사업이 성장하면 필요한 과정이다. 미리 염두에 두는 것이 좋다.

상호 브랜딩 컨설팅만 전문적으로 도와주는 업체도 많다. 이들 업체를 이용하는 것도 매우 좋은 방법이다. 과도하게 비싼 금액만 아니라면, 상호와 로고, 브랜딩 카피 하나 정도는 컨설팅받는 것도 좋은 선택이다.

[상호를 정할 때 예시 (1)]
"정광주공인중개사사무소" 어떠한가? 정광주는 내 이름이다. 이름 석 자로 사무소 이름을 정하면 매우 심플하고, 상대방의 이름이 주는 신뢰감이 있다. 중개사무소의 표시광고 명시사항에서 "사무소"라는 표현을 사용하지 않아도 되니, 인터넷 광고를 하면서 "정광주공인중개사"만 사용하면 훨씬 심플하고 강렬하게 느껴진다. 하지만, 직원들의 입장에서는 정광주공인중개사에 근무하는 홍길동 부장이라고 얘기했을 때의 불편함도 있었다고 한다. **여러 직원의 소속감을 고취하기에는 단순한 개인의 이름이 약간의 방해요소가 될 수 있을 것이다.**

"○○○부동산중개사무소"로 이름을 정하고자 한다면, "○○○부동산중개사무소"보다, "○○○부동산중개"로 심플하게 하는 것도 고려하자. 사업을 하다 보면 풀네임을 꼭 사용해야 하는 경우가 많은데, 상호로서의 의미보다 접미사에 가까운 "사무소"라는 단어는 빼도 좋다. "부동산중개사무소"라고 표현하지 않고, "부동산중개"만 표현해도 모두가 부동산사무실이라고 인식할 것이다. 사무소가 주는 "좁은" 느낌을 벗어난 확장 가능성을 가진 이름이 될 것이다.

공인중개사법
제18조(명칭) ① 개업공인중개사는 그 사무소의 명칭에 "공인중개사사무소" 또는 "부동산중개"라는 문자를 사용하여야 한다. ② 개업공인중개사가 아닌 자는 "공인중개사사무소", "부동산중개" 또는 이와 유사한 명칭을 사용하여서는 아니 된다.
국토교통부고시 제2020-595호 중개대상물의 표시 · 광고 명시사항 세부기준
제3조(중개사무소에 관한 표시 · 광고 명시사항) 1. 중개사무소의 "명칭"은 중개사무소 등록증에 기재된 명칭을 표시하여야 한다. 다만, '사무소' 및 '법인사무소'는 생략하여 표시할 수 있다.

[상호를 정할 때 예시 (2)]

나는 "방구대장"이라는 닉네임을 가지고 부동산업에서 열정을 불태웠다. 뜨거운 태양, 큰 별이 되고 싶었지만, 나의 착각이었다. 쉼 없이 달리던 중개업에서 잠시 휴식기를 가지고서야 깨달았다. "큰 별"은 나의 환상이었구나. 내가 해야 할 일은 내 자리에서 작은 빛을 내면서 그 자리를 지키고 있는 것이라고 느꼈다. 작은 빛을 내며 그 자리를 오래 지키는 것도 결코 쉬운 일이 아니라는 걸 깨달았다.

계속 오르려던 마음을 버리고 잠시 멈추니 보였다. 옆에서 같이 작은 빛을 내며 자리를 지키고 있는 별이 보이고, 멀리서 같이 작은 빛을 내며 자리를 지키고 있는 별이 보였다. 그렇게 밤하늘에 작은 별들이 모여 강을 만들고, 길을 만드는 은하수 같은 부동산이 되어야겠다. 작은 별들이 모여서 밤하늘 지키는 것이 중개업의 기본이라고 느꼈다. 기본에 충실할 때, 롱런할 수 있고, 꾸준한 발전이 가능하리라 확신했다.

 은하수를 뜻하는 밀키웨이, 갤럭시, 미리내 중에서 순우리말이고 따뜻한 느낌을 주고 부르기도 쉬운 "미리내"에 "부동산중개"를 덧붙여서 "미리내부동산중개"로 상호를 정했다. 그리고 "방구대장"과 "미리내"에 대한 상표권 등록을 진행 중이다.

 로고는 지붕 위로 크고 작은 별들이 흐르고 있는 느낌으로 만들었다. 꿈의 부동산은 미리내에서 시작된다는 의미는 단순히 내 사업장인 "미리내부동산중개"를 뜻하기도 하지만, 전국 각지에서 나처럼 작게 빛나고 있는 부동산사무실의 대표님을 의미하기도 한다.

03

입지가 성공의 반이라며?

창업을 위한 결심이 굳어졌다. 권리금을 주고 들어가려고 하니, 권리금이 너무 부담스러운 것 같아서, 10평 내외의 사무실에서 조촐하기 시작해보기로 했다. 일단 부딪혀 보고, 적성에 맞으면 2년째, 3년째 회사를 더 키우면 될 것이다. 아직 경험해야 할 것들이 많고, 스스로 배워야 할 것들이 많아서, 당장 회사를 크게 차리기에는 부담이 되었다. 이렇게 결심하고 입지를 알아보기 시작했다.

중개업소의 입지유형에 대해 분류하면서 하나씩 특성을 파악해보자. 대표적으로 **아파트 단지내상가, 택지개발지구의 상가주택지, 원룸단지, 중심상가와 오피스, 입주장, 산업단지, 지식산업센터, 구도심** 정도로 분류해볼 수 있다. 사실, 공인중개사가 입지의 중요성을 가장 많이 강조하고, 가장 중요시하는 직업이다. 정작 자기 사무실의 입지는 분석보다 감에 의존하는 경우가 많다.

우선 **아파트 단지내상가는 매우 안정적인 거래**가 있는 곳이다. 작년 한 해 동안의 매매·임대 거래량을 파악할 수 있다(다음 장의 권리금을 이야기하면서 자세히 이야기하겠다). 인접하여 입점해 있는 중개업소와의 경쟁구도를 예상해볼 수 있다. 어떤 전략으로 어떻게 승리할지, 어떻게 업을 이어갈지에 대한 명확한 계획수립이 가능하다.

하지만 이런 단지내상가의 경우, 대부분 권리금이 형성되어 있는 곳이 많다. 나의 부동산 선배님 중에서는 **아파트 단지내상가에서 독점권을 행사하기 위해 800세대의 단지내상가 1층 4칸, 2층 4칸을 모두 분양**받은 선배도 있다. 이 선배의 경우 기초자금도 있었지만, 아파트 미분양 지역에 상가가 인기가 없던 시절이라, 건설사와 턴키계약이 가능했던 것! 물론 쉬운 선택은 아니었다. 공실 상가의 이자와 관리비를 부담하면서 버텼고, 2년 정도의 시간이 지나고 안정화되면서, 꾸준한 수익을 얻게 되었다. 하지만, 이런 사례를 보고 너무 쉽게 생각하지 않았으면 좋겠다. 외부에서도 꾸준한 거래시도가 있고, 독점적인 지위를 유지하기 위해, 입주민 활동을 비롯해서 끊임없이 관리해야 한다.

택지개발지구의 상가 주택지는 한창 호경기에 부동산거래가 많은 곳이다. 특히, 택지개발지의 특성상 토지분양권의 거래가 이루어지는 곳이다. 아파트 분양권은 자주 듣지만, 토지분양권에 대해서는 생소할 수 있다. LH가 조성한 택지개발지구 토지의 분양권이다. 아파트 분양과 유사하다. 2~3년 정도의 잔금 납부 기한을 두고 분할납부를 하며 소유권을 이전받는다. 잔금 지급 전까지 분양권 상태(부동산을 취득할 수 있는 권리)에서 명의이전이 가능하다.

이러한 분양권 상태의 명의이전은 취득세의 부담이 없다는 장점이 있어서, 거래가 편리하다. 사실 취득세 4.6%는 실제로 매우 무거운 금액이다. 상가를 사더라도 1년 수익은 모두 취득세로 내야 하는 상황이니, 취득세에 대한 부담 없이 부동산을 거래할 수 있다는 것은 매우 큰 이점이 된다.

택지개발지구의 경우, 농지 또는 얕은 임야 등의 원형지를 주거지로 개발하기 때문에 그 땅 위에 부동산이 없는 경우가 많다. 인접한 곳에서 부동산을 운영하다가 택지개발지로 이전하면서 "원주민부동산"이라는 상호로 영업하는 사람들도 있지만, 원주민부동산으로 활동하는 사람들은 많지 않다. 대부분 택지개발의 바람을 타고 다른 지역에서 온 사람들이 많다. 나 역시 경북 포항에서 근무하다가 경기 화성시 향남읍에 터전을 잡았던 것도, 신규 택지개발지구였기 때문에 나의 빠른 정착이 가능하리라 판단했다. 나의 이런 예상은 적중했고, 향남2지구에서 상업용지 전문가로 빠르게 정착할 수 있었다. 택지개발지구의 토지 물건 작업방법은 뒷부분에 녹아 있으니 찾아보길 바란다.

택지개발촉진법

제1조(목적)
이 법은 도시지역의 시급한 주택난(住宅難)을 해소하기 위하여 주택건설에 필요한 택지(宅地)의 취득·개발·공급 및 관리 등에 관하여 특례를 규정함으로써 국민 주거생활의 안정과 복지 향상에 이바지함을 목적으로 한다. …

제19조의2(택지의 전매행위 제한 등)
① 이 법에 따라 조성된 택지에 대한 공급계약을 체결한 자(이하 "공급받은 자"라 한다)는 소유권이전등기를 하기 전까지는 그 택지를 공급받은 용도대로 사용하지 아니한 채 그대로 전매(轉賣)(명의변경, 매매 또는 그 밖에 권리의 변동을 수반하는 모든 행위를 포함하되, 상속의 경우는 제외한다. 이하 같다)할 수 없고, 누구든지 그 택지를 전매받아서도 아니 된다. 다만, 이주대책용으로 공급하는 주택건설용지 등 대통령령으로 정하는 경우에는 본문을 적용하지 아니할 수 있다.

택지개발촉진법 시행령

제13조의3(택지의 전매행위 제한의 특례)
법 제19조의2 제1항 단서에서 "대통령령으로 정하는 경우"란 다음 각 호의 어느 하나에 해당되어 시행자의 동의를 받은 경우를 말한다. 다만, 제1호·제2호·제7호 및 제9호의3의 경우에는 시행자로부터 최초로 택지를 공급받은 자의 경우에만 해당한다.

9. 공공시설용지와 주택건설용지 중 근린생활시설을 건축하기 위한 용지를 공급받은 자가 시행자로부터 공급받은 가격 이하로 해당 용지를 전매하는 경우

9의2. 주택건설용지(근린생활시설을 건축하기 위한 용지는 제외한다)를 공급받은 자가 시행자로부터 공급받은 가격 이하로 해당 용지를 전매하는 경우로서 다음 각 목의 어느 하나에 해당하는 경우

가. 단독주택 건설용지를 공급받은 자가 해당 용지에 대한 잔금 납부일(잔금 납부일이 단독주택 건설용지 공급계약일부터 2년을 초과하는 경우에는 2년을 말한다) 이후에 전매하는 경우
나. 세대원(세대주가 포함된 세대구성원을 말한다. 이하 같다)이 근무·생업·취학·결혼 또는 질병치료(「의료법」 제3조에 따른 의료기관의 장이 1년 이상의 치료나 요양이 필요하다고 인정하는 경우로 한정한다)의 사유로 세대원 전원이 다른 광역시, 특별자치시, 특별자치도, 시 또는 군(같은 광역시의 관할구역에 있는 군은 제외한다)으로 이전하는 경우. 다만, 수도권으로 이전하는 경우는 제외한다.
다. 상속에 의하여 취득한 주택으로 세대원 전원이 이전하는 경우
라. 세대원 전원이 해외로 이주하거나 2년 이상의 기간 동안 해외에 체류하는 경우

택지개발촉진법은 주거지 조성을 원활하게 지원하여, 주거안정을 목적으로 만들어진 법이다. 좋은 취지를 실현하기 위해 만든 택지의 전매제한 행위 등이 현실에서는 편법으로 활용되는 일도 있다.

원룸단지의 장점은 꾸준한 수요라고 얘기할 수 있다. 가장 거래가 쉽고 빈번한 부동산이 원룸 임대차이다. 간단히 생각해보면, 공장 1개가 생기면 20~30개의 원룸이 필요하다. 큰 슈퍼마켓 하나가 생기면 5~10개의 원룸이 필요하다. 피자가게 하나만 생겨도 2~3개의 원룸이 필요하다. 원룸의 특성상 1년 만기를 채우지 않는 경우도 많다. 1년 만기를 채우더라도 계약연장보다 조금 더 넓은 1.5룸이나 투룸을 선호한다. 월세를 살다가도 급여를 받고 자금이 모이면 전셋집을 구하려고 한다.

원룸단지의 경우, 신규로 진입하더라도 관리업체에서 물건을 받을 수 있는 경우가 많다. 관리업체는 공실을 해소하기 위해, 부동산으로 FAX를 보내주거나 메일로 공실정보를 공유한다. 처음 부동산을 시작하면서 매일매일 블로그 포스팅을 할 수 있는 공실이 있다면, 초보자가 마음껏 달릴 수 있는 운동장을 얻은 셈이다.

원룸단지에서 매일매일 포스팅을 하며 경험을 쌓다 보면, 상가와 아파트도 병행할 수 있다. 손님과 임대인을 자주 만나다 보니, 서로의 이해관계를 잘 이해할 수 있게 된다. 나 역시 포항시 오천읍 원동지구라는 원룸단지에서 공인중개사의 첫발을 디뎠고, 부지런히 활동하는 나를 많은 임대인이 아껴주었다.

"정 소장이라면 구두계약도 인정한다."

이런 말을 들을 때면 정말 기분이 좋았다. 사실 그 임대인은 바로 위층에 같은 공실이 하나 더 있었기 때문에 부담 없이 립서비스를 해주었던 것.

중심상가와 오피스는 유사한 부분이 많다. 주택을 안내할 때는 사소한 부분까지 알려주면서 리드를 해야 한다면, **중심상가와 오피스는 손님의 구체적인 계획이나 요구**가 있는 편이다. 입지분석이나 동선파악과 같은 측면에서는 임차인이 훨씬 잘 알고 있는 경우도 많다. 중개사가 여러 업종의 특성을 100% 이해하고 있기는 쉽지 않기 때문이다.

이런 경우 중개사의 역할은 2가지다. 임차인이 요청하는 필요정보를 적절히 제공하는 것! 굳이 불필요한 정보를 너무 많이 제공할 필요가 없다. 어차피 임차인이 먼저 조사를 마친 상태에서 불필요하게 설명하는 것은 불편한 상황을 만들 수 있다. 그리고 공인중개사만이 파악할 수 있는 주변의 임대차 사례, 최근의 개업과 폐업에 대한 현황 등의 지역 분위기를 알려준다. 마지막으로 임대인과의 협상력을 충분히 알려둘 필요가 있다.

중개보수 또한 차이가 크다. 주택 3~4건 중개해야, 상가나 오피스 1건과 비슷하다. 하지만 실제 수요는 주택이 상가보다 4~5배 이상 많으므로 일할 기회는 주택을 중심으로 할 때 훨씬 많은 건수가 생긴다.

상가나 오피스가 중개보수가 큰 만큼 경쟁도 치열한 부분을 고려해야 한다.

중심상가와 오피스 지역에 있는 부동산이라고 해서, 원·투룸과 같은 주택을 취급하지 않는 것은 아니다. 반대로 원룸단지에 있다고 하더라도 바로 옆 블록에 상업지가 있다면, 상업용 부동산에 대한 중개도 매우 활발하다. 중심상가와 주택가의 경계선에 사무실을 선정하여, **양수겸장**의 전략을 취하는 것도 좋은 방법이다.

입주장은 새로 **사용승인을 받은 아파트가 입주하는 시기**에 열리는 장을 의미한다. 보통 분양권 전매 단계에서부터 입주장을 준비하는 중개업자들이 많다. 이 시기 아파트 단지내상가를 분양받은 중개업자들은 자신의 부동산을 홍보하기 위해 매우 바쁜 시기이다. 특히, 사용승인과 함께 수분양자의 입주점검이 3~5일 동안 이루어지게 된다.

이 시기는 해당 부동산뿐만 아니라, 인근 부동산들이 명함작업을 하며, 수분양자의 연락처를 수집한다. 아르바이트 아주머니를 3~4명 고용하여 전체의 호수에 대한 전화번호 조사를 하기도 하는데, 이 아르바이트 아주머니들의 실적이 꽤 좋은 편이다.

내 경험상 70~80% 정도의 명단작업을 하게 된다. 실입주 세대가 많은 단지는 명단작업의 성과율도 자연스럽게 떨어지게 된다. 이렇게 수집한 연락처를 가지고 임대차 물건을 확보하게 된다. 내가 아르바이트 아주머니를 직접 고용하지 않더라도, 이 아르바이트 아주머니의 연락처를 확보하고 나중에 명단과 연락처를 매입하는 경우도 있다.

세대수마다 다르지만 1,000세대 규모일 경우, 200~300만 원 내외로 거래가 된다. 하지만 이 점은 명백한 개인정보보호법 위반에 해당하니 반드시 주의하여야 한다.

나는 250세대 도시형생활주택의 독점부동산으로 입주장을 경험하였다. 생각보다 시간이 너무 빨리 지나가서 놓친 부분이 많았던 시기였다. 많은 사람이 한꺼번에 다녀가기 때문에 혼자서 여러 사람을 감당하기가 쉽지 않을 것이다. **반드시 충분한 인력을 준비**하고 현장에서 임대인을 만나야 한다. 임대인이 먼저 내 사무실에 들어올 것이라 기다려서는 안 된다.

입주점검이 끝나고 부지런히 전·월세를 맞추며 분주한 몇 달을 보내게 되었다. 입주가 80% 정도 채워지면, 그 이후에는 다시 한가한 시간이 찾아온다. 그리고 2년이 될 때까지는 비교적 거래가 적은 편이고, 2년이 지나면서 매매거래, 임대거래가 다시 찾아오게 된다. 그렇게 입주장은 마감이라고 할 수 있다.

당분간 서울, 경기권의 입주장이 많지 않을 것이다. 최근의 건설경기와 맞물려서 착공되는 단지가 현저히 줄어든 것으로 나타났다. 지방이라고 할지라도, **500세대 이상의 아파트 중개업소 독점권을 관리할 수 있는 단지라면, 나는 지금 출발한다.**

산업단지, 공장 전문, 토지(원형지) 전문 부동산의 경우, 입지적인 성격이 크게 바뀐다. 도시를 벗어나 외곽으로 나가는 경우가 많다. 산업단지 초입의 대로변 부동산, 산업단지를 끼고 있는 공구상가에 입점해 있는 부동산 등을 쉽게 찾아볼 수 있다. 이러한 부동산들은 **수요자 중심의 토지 확보가 수익과 직결**된다.

예를 들어, 1,000~2,000평 정도의 공장 수요가 많은 지역이라면 적합한 원형지를 개발하기 위한 지주작업이 되어 있어야 수요자가 생기면 바로 거래할 수 있다. 그래서 직접 토지를 매입하고 개발행위의 허가를 받고, 부지조성 단계까지 완료해서 거래하는 중개업소들이 많다. 부동산중개업소와 ○○개발을 함께 운영하는 경우가 많다.

개발행위허가와 토지의 형질변경 같은 업무에 대한 준비가 필요하다. 토목사무실과 건축사사무실과 협업하는 일이 매우 많으므로 이 부분의 네트워크 확보도 필요하다. 공장을 하시는 분들은 거래업체, 협력업체와 네트워크를 유지하는 것을 중시하고 긴밀하게 교류한다. 나의 거래업체가 우리 공장 인근에 입지한다는 것 자체가 비용절감, 시간절약이 아니겠는가? 이러한 관계에 잘 녹아들 수 있다면 본인의 중개능력을 충분히 발휘할 수 있을 것이다.

나는 화성에 있을 때, 토지를 매입하고 개발행위 후 판매하였다. 투자금이 묶여 있는 상황에서 판매가 지지부진하였다. 이때, 인접한 공장 대표님께서 지인을 소개해주셔서 판매를 할 수 있었다. 공업용 산업단지, 토지 전문 부동산으로 입지와 네트워크를 잘 선정한다면, 고수익 중개업에 가까이 다가설 수 있다. 기본 거래의 단위가 20~30억 이상인 경우가 많고, 중개 보수율도 높은 편이다. 언제나 똠방들은 골칫거리.

지식산업센터의 경우, 한때는 정말 호황이었다. 이른바 아파트형 공장으로 불리다가, 2009년 법률 개정으로 지식산업센터라는 이름을 얻게 되었다. 정부에서 지식산업센터를 활성화하기 위해서, 입주기업과 수분양자에게 여러 가지 혜택을 주었다. 입주기업으로 수분양자가 된 업체는 취득세 감면, 재산세 감면의 혜택을 받았다. 수분양자는 다른 부동산에 비해 높은 담보비율을 활용해서 대출을 받을 수 있었다.

특히, 서울의 지가가 급속도로 오르는 시기, 지식산업센터의 프리미엄 거래가 활황이었다. 분양권 상태에서 거래하는 것이 취득세의 매몰비용을 없애는 방법이기 때문에 거래가 많을 수밖에 없었다. 이러한 혜택과 많은 거래는 시행사에도 많은 수익을 안겨주었다.

하지만 지금은 지식산업센터의 공급과잉 상황으로 보인다. 즉, 활발히 P 거래가 되는 시기는 지났고, 임대관리를 중점으로 영업해야 하는 시기가 된 것이다. 지식산업센터의 임대관리를 중점으로 하게 되면, 입주업체와 상가의 임대차 계약이 주가 될 것이다. 소규모 공장의 경우 대부분 일정 규모 이상의 장비가 있다. 소형차 크기부터 대형트럭 크기의 장비를 지식산업센터에 옮겨두고 일을 하게 된다. 이런 장비를 옮기기부터 쉽지 않고, 한번 자리를 잡게 되면 5~10년 이상 계속 영업을 하는 경우도 많다. **회사가 옮기면, 직원들이 함께 옮기기가 쉽지 않기 때문**이다. 이런 측면에서 부동산의 거래는 많지 않을 것이다.

나에게 3,000평의 지식산업센터를 맡아서 관리 중개할 것인가?

1,000평의 주택을 관리 중개할 것인가? 물어본다면 1,000평의 주택을 맡을 것이다. 1,000평 주택, 예를 들면 100평 다가구 10동이 훨씬 수익이 안정될 것으로 예상한다. 이것은 다가구 10동, 100가구 정도의 부동산 수요가 100평 소규모 공장 30곳보다 부동산 거래가 많을 것으로 단순 추측한 결과이다. 중개보수의 규모나 입주상황, 인적 구성 등 종합적인 판단이 필요한 영역이다. 때로는 경험적 감각이 빠르고 정확하게 작용한다.

나의 부동산 업력에는 여러 가지 경험, 크고 작은 성공과 실패가 있다. 한 가지 정말 아쉬운 것은 지식산업센터가 한창 성장할 때, 그 시장에 뛰어들지 못했다는 점이다. 앞으로 부동산업에 종사하면서, 2010년대 중후반의 지식산업센터와 같은 부동산 시장이 열린다면 만사 제쳐두고 뛰어들고 싶다. 지식산업센터는 아니겠지만, 부동산 시장이 뚫리는 지역이 틀림없이 있을 것이다. 내가 유심히 지켜보고 있다가 꼭 알려주겠다.

구도심은 정말 신중해야 할 입지이다. 구도심이라는 말 자체에서 부동산 거래의 침체라는 기운이 느껴지지 않는가? 제아무리 에너지 넘치는 공인중개사라도 없는 바람을 불러일으키기에는 역부족이다. 다만 재개발, 재건축 등의 이슈가 있는 지역이라면 도전해볼 만한 가치가 있을 것이다. 하지만 이 역시, 신규로 오픈해서 시장을 비집고 들어가기에는 만만치 않다는 것에 유념했으면 좋겠다.

중개업소의 입지유형에 대해 분류하면서 하나씩 특성을 파악해보았다. 이러한 입지유형별 부동산의 업무특성을 잘 고려해서, 나를 어디에 위치시킬 것인지 깊이 고민해보자. 당신의 능력을 200% 발휘할 수 있는 곳이 틀림없이 있을 것이다.

04

권리금이 1억?

    10평짜리 부동산사무실의 권리금이 1억이라고 한다. **권리금 1억**이라는 말에 겁부터 났지만, 우선 설명이나 들어보자는 마음으로 양도인의 사무실을 방문했다. 책상 2세트와 별도의 상담실, 홀의 상담 테이블이 갖추어져 있었다. 1,500세대 아파트 A단지 앞에 있고, 아파트의 매매가는 대략 7~8억, 1건의 중개보수는 단타 300만 원, 양타 600만 원 정도라고 한다. 이 아파트 상가에는 1층에 부동산사무실이 4곳이 있고, 여기 있는 4곳에서 거의 거래를 독점적으로 맡고 있으며, 한 달에 적어도 매매 1~2건, 전세 1~2건은 계약이 이루어진다고 한다. 실적이 적은 달은 월 1,000만 원, 좋은 달은 월 2,000만 원 정도의 수익이 발생한다고 한다.

    집으로 돌아와 고민에 빠졌다. 처음 권리금 1억이라는 말을 들었을 때의 거부감은 확 줄어들었다. 안정적인 수익에 대한 기대감은 비싼 권리금 1억이 합리적이라는 가격책정이라고 나에게 속삭이고 있었다. 권리금은 조금 비싸지만, 안정적인 고소득이 가능하다는 생각이 들었다. 파는 사람의 말만 듣고 살 수는 없는 노릇이니, 스스로 검증을 해보았다. 부동산실거래가시스템을 통해서, 한 해 동안 A단지의 매매 건수를 모두 세어보았다.

1년 동안 매매 건수는 45건, 전·월세의 신규계약 건수는 70건. 4개의 부동산에서 115건의 매매와 전세 거래를 나눠서 하고 있다는 계산이 나왔다. 4곳의 부동산에서 한 달에 2.5건의 거래를 가져갈 수 있겠구나. 양도인이 하는 말이 터무니없는 이야기는 아니라는 생각이 들었다. 조금 더 열심히 하면, 아파트 외의 거래도 추가할 수 있고, 월 1,000만 원의 실적은 가능하리라는 확신이 들어 권리금 1억을 주고 아파트 단지내상가의 부동산을 양수받게 되었다.

잘한 결정일까? 두려운 마음도 있었지만, 새로운 도전을 위해 부정적인 생각을 벗어던지기로 했다. 내가 다른 3곳의 부동산보다 더 잘할 수 있다는 것을 보여줄 수 있다는 자신감으로 나를 채워나갔다. 열심히 하면 반년 만에 권리금 회수하고, 독점 카르텔의 일원이 될 수 있다는 상상을 하니 기분이 좋았다. 계약을 결심했다. 권리금을 깎으려 해보았지만, 협상이 쉽지 않았다. 권리금을 깎게 되면 인접한 부동산에서 자신들의 권리금에도 영향을 미치기 때문에 협조관계가 깨질 수 있다고 으름장을 놓았다. 정확히 말하면, 권리금을 깎아달라고 하는 것은 옆에 있는 부동산 권리금을 다 깎아내리는 것과 같은 의미라고 이야기했다.

　결국, 500만 원을 할인한 9,500만 원에 권리금 계약을 하고 임대차 계약을 하였다. 몇 년 후가 되었든 지금보다 더 비싼 권리금을 받을 수 있을 거라는 확신을 심어주며 권리금을 받아갔다. 드디어 잔금을 하고 나는 어엿한 공인중개사사무소의 대표가 되었다.

　만약 당신이 여기까지의 글을 읽고 고개가 끄덕여진다면, 조금 신중할 필요가 있다고 당부해주고 싶다. 당신은 위 이야기의 결말을 궁금해할 것이다. 당신도 1억이라는 자금이 있는 상황에서 위의 말처럼 안정적인 수익이 가능한 사무실이 매물로 나온다면 진지하게 생각했을 것이다.

　실제의 결말은 위의 부동산을 인수하고 매출을 기준으로 1년이 넘게 걸려서 권리금을 회수했다고 한다. 1년이 넘는 기간 동안 양도인에게 돈을 벌어준 셈이고, 나는 한 푼의 수익 없이 무료봉사를 했다고 느껴졌다. 안정적인 고소득의 달콤한 유혹에 장밋빛 미래만 생각한 대가일 수도 있다. 하지만 달리 해석할 수도 있다. 1년이라는 시간은 적응의 시간이었고, 이후에는 안정된 소득과 여유 있는 직업적인 환경을 얻게 된 것이다. 또 권리금이라는 것은 눈에 보이지는 않지만, 장래의 소득에 대한 기회비용이다. 결코, 공중으로 없어진 돈이 아니다. 중개업소를 더욱 잘 가꾸고 유지하면 그 가치는 더욱 높아질 수 있다.

처음 3개월은 초보티가 너무 많이 나서 어려움을 겪었다. 인접 사무소의 연세 있으신 대표님들보다 세련되게 앞서가고 싶었지만, 의욕만으로 해결되는 것은 아니었다. 중개업무의 세련됨은 열정도 중요하지만, 연륜과 경험도 필요하다는 것이라는 당연한 사실을 뼈저리게 다시 알게 되었다.

첫 계약을 성사시키기 위해서 광고와 포스팅을 열심히 했다. 고객을 유치하고, 물건지의 대표님께 간곡한 부탁을 드리는 상황이 계속되었다. 그렇게 하나, 둘 이어 나가면서 아파트의 분위기와 특성이 파악되고, 업무에 자신감이 붙게 되었다. 중요한 한 가지는 단지내부동산이라고 하더라도 그 단지를 독점할 수 없었다. 매도인, 임대인이 전적으로 단지내부동산을 신뢰하기는 쉽지 않다. 외부의 부동산에서 끊임없이 치고 들어온다. 나 또한 마찬가지다. 우리 단지가 아닌 인접 단지를 수시로 방문하게 되었다.

상당한 권리금을 지불하고 중개업소를 창업하는 경우, 권리금의 효과로 시장을 이어받아 조기에 정착할 수 있다는 기대를 하기 쉽다. 이것은 권리금에 대한 큰 착각이다. 스스로 찾은 성공의 틈새시장이 아니다. 당신의 노력으로 이겨서 만든 경쟁시장이 아니다. 그러므로 고스란히 그 시장을 이어받을 수는 없는 경우가 많다. 어쩌면 타인에게 돈을 주고 그가 가지고 있는 시장을 얻겠다는 생각의 시작부터, 도전을 두려워하는 나약함이 당신을 지배하고 있을 수도 있다.

그렇지만, 입지와 거래환경에 있어서 독점적인 지위가 부여된다면 권리금은 어느 정도 인정해줄 필요는 있다. 그 권리금을 지불하고 어떻게 성장할 것인가에 대한 구체적인 계획과 행동이 필요하다. 정신 똑바로 차리고 권리금에 대해서 다시 생각해야만 한다.

부동산중개업소 창업에서 권리금의 고려요소

1. 최근 1년 계약 건수 및 중개보수(매출)
기간은 충분히 확보할수록 좋다. 1년 이상 2년, 3년의 매출을 파악할 수 있다면 권리금을 책정하는 데 매우 훌륭한 근거가 된다. 이때, 중개업소 운영에 필요한 비용과 인건비를 제외한 수익으로 6~12개월 정도의 수익을 권리금으로 책정한다.
공인중개사법 시행령 제22조 ②항에 따라, 과거 5년간의 중개 계약서를 보관하여야 한다. 사업실적을 증명하는 차원에서, 중개 계약서의 확인을 요구할 수 있을 것이다. 이를 바탕으로 실제 발생한 매출을 예상할 수 있을 것이다. 단, 중개 계약서를 제3자에게 함부로 보여주어서는 안 된다. 거래 사례 확인에 필요한 거래 건수, 거래금액 등의 최소한의 정보를 상호 확인함으로써 권리금 거래의 신뢰성을 확보할 필요가 있다.

2. 독점적 지위의 유무
일반적으로 250~300세대에 1개 중개업소가 입지적으로 독점할 수 있다면, 양호한 수익을 기대할 수 있다고 평가하는 경향이 많았다. 특히, 과거에는 입지를 선점하게 되면, 수요의 상당 부분을 선점하는 효과가 있었기 때문에 충분히 설득력이 있었다. 하지만 지금은 온라인 광고와 플랫폼의 등장으로 입지적인 선점만으로는 충분한 수익을 장담할 수 없다. 반드시 온라인 영역의 입지에서도 선점 및 영역확보가 필요하다. 그래서 과거보다 독점적 지위의 유무에 따른 권리금의 영향이 매우 약해진 상황이다.

3. 관리된 고객의 데이터와 정리된 매물의 건수
이전 거래를 통해 축적된 고객의 데이터를 인수인계하는 것은 쉬운 일이 아니다. 엄연한 개인정보이기 때문에 제3자에게 제공될 때는 당사자의 허락을 구해야만 한다. 하지만 실제로는 전화번호부를 인수받는 등의 석연치 않은 절차를 통해 인수인계하며, 권리금을 주고받는다. 실제로 이렇게 인수받은 전화번호부를 온전히 내 손님으로 만들기는 쉽지 않다. 왜냐하면, 고객은 이미 다수의 중개업소와 거래를 하고 있을 가능성이 크다. 그러므로 관리된 고객의 데이터라 할지라도, 그 승계의 적절성과 관계 형성에 중점을 두고 권리금을 책정할 필요가 있다.
관리된 고객의 데이터보다 중요한 것은 정리된 매물의 건수라고 본다. 그렇다고 "100건의 살아있는 매물이 있으니 얼마의 권리금이다"라고 책정할 수는 없다. 하지만, 살아있는 매물이 많을수록, 그 매물이 여러 부동산에서 보유하고 있는 동네 물건이라고 할지라도, 그 매도인, 임대인들과 즉시 소통할 수 있고 광고에 적용할 수 있다. 물건을 받는다는 것은, 내가 필요한 사람과 연결된다는 뜻이다. 중개업에서 조기에 정착하기 위해서 필요한 것은 관리된 고객의 데이터보다 살아있는 매물의 확보이다.

4. 집기와 시설의 인수가액

집기와 시설의 인수가액은 정말 밀당(밀고 당기며 조율)의 영역이다. 새로 설치하기 위해서는 큰 비용이 들어간다. 반대로 누군가가 인수하지 않으면, 처리비용이 더 커지는 골칫거리이다. 간단명료하게 (잔존가치+처분가치)/2, 다시 말해 중고로 제값을 받으면 800만 원이고, 중고상이 한꺼번에 가져갈 수 있는 가격이 100만 원이라면, 400~500만 원에 흥정하는 것이 서로에게 이익이 될 것이다. 하나씩 더하고 빼면서 합의점을 찾는 것이 서로에게 이득이다. 나 역시 컨테이너 창고에 미처 처분하지 못한 책상과 집기들이 가득 차 있다. 그때 헐값이라도 비품을 처분했어야 했는데, 보관비용이 훨씬 더 많이 들어가게 될 줄 미처 몰랐다.

5. 지역 협회의 가입비

지역 협회가 설치되어 운영되는 곳이 많이 있다. 중개사 간의 과도한 경쟁을 예방하고, 거래의 편의를 도모하는 장점이 있다. 지역마다 다르지만, 작게는 100만 원, 많게는 2,000만 원까지 형성된다. 일반적으로 500만 원의 지역 협회 가입비를 권리금으로 요구(회원의 지위 승계)하는 경우가 가장 많다. 엄밀히 따졌을 때, 공인중개사법 제33조 ①항 금지행위의 9호 단체를 구성하여 특정 중개대상물에 대하여 중개를 제한하거나 단체 구성원 이외의 자와 공동중개를 제한하는 행위는 등록취소 또는 자격정지 및 3년 이하의 징역 또는 3천만 원 이하의 벌금에 처할 수 있는 중대한 법의 위반이다.

하지만, 현실은 이 카르텔에 포함되지 못하면 업무의 적응에 어려움을 겪는 경우가 많다. 지역 협회의 가입비를 권리금에 포함할 때는 지역의 거래상황에 있어서 지역 협회의 영향력이 어느 정도인지 가늠해볼 필요가 있다. 시장에 순응(회원)할 것인가, 시장의 이단아(비회원)가 될 것인가에 대해서도 한 번쯤 고민해볼 필요는 있다. 나는 실제로 시장의 이단아가 되어본 경험이 있다. 그 무모한 시도의 대가는 생각보다 고통스러웠다. 법에서는 단체를 구성해서 구성원 이외의 중개사를 배제하는 행위를 금지하고 있지만, 약간의 비용으로 그 단체의 일원이 된다면 일정 부분의 편익을 얻을 수 있는 것도 알고 있어야 한다.

05

공인중개사도 코가 베인다

공인중개사는 부동산의 매매, 임대 등의 거래를 알선하고, 거래의 안전성을 확보하는 일을 한다. 누구보다 거래에 능통해야 하는 중개사가 사기를 당한다. 있을 수 있는 일인가? 정말 빈번히 발생하는 일이다. 공인중개사라는 직업의 접근성이 쉽고, 40~60대 제2의 직업으로 선택을 많이 받다 보니, 각양각색의 사람들이 이 업에 뛰어든다. 아직 **경험이 충분하지 않은 순진한 초보 중개사를 노리는 사람들이 많다.** 친근한 선배인 척 찾아와 좋은 투자인 양 제안하는 인근의 중개업자. 일감을 몰아줄 것처럼 호감을 표시하는 건축업자. 지역유지 행세를 하면서 인허가든, 뭐든 다 할 수 있다는 똠방(무자격 중개업자, 특히 똠방들은 지주와의 친분을 이용해 성사 단계의 중개 계약을 낚아채는 경우도 종종 있다). 조직력과 치밀한 수법으로 무장한 전문 사기꾼까지. 나 스스로 내 분야의 전문성을 갖추기 전까지, 두 눈 크게 뜨고 항상 긴장을 늦추어서는 안 된다(이해를 도우려고 범죄행위에 해당하는 사기를 포함하여, 이 밖의 과도

한 이익을 취하기 위해 과장 또는 기만하는 행위 등의 일체를 "사기"라고 표현한 점을 널리 이해 바란다).

나는 약 1년의 소공(소속공인중개사, 이하 소공) 생활을 마치고 신규 택지개발지구에서 창업하게 되었다. 활기 넘치는 지역의 분위기가 너무 좋았다. 나도, 옆집도 모두 신규 택지에 새로 온 부동산이다. 몇몇 토박이 중개사들이 있었지만, 역시 대세는 돈의 흐름을 따라온 중개사들이다. 짧게는 몇 달, 길게는 1년 먼저 영업을 하던 중개업소들, 또 나보다 한 걸음 늦게 시작한 중개업소들이 뒤섞여 활기찬 지역 분위기를 만들어갔다. 이렇게 활기찬 분위기 속에도 나 같은 초보 창업자를 노리는 늑대 같은, 여우 같은 선배들은 많았다. 거래에 있어서 자신의 이익을 위해 하는 행동을 모두 깎아내릴 수 없다. 그렇기에 더욱 조심해야 할 필요가 있다.

한창 LH에서 분양한 택지의 거래가 활발하던 시절이다. LH와 토지매매계약을 체결한 매수인의 지위에서 전매가 성행하던 시기였다. 몇몇 중개업소는 건축업을 병행하면서 다수의 토지를 매집하기도 하였다. 이러한 과정에서 중개업소들은 건축업자를 앞세우든, 자신이 앞장서든 시장의 매물을 선점하기에 바빴다. 오죽하면 중개업소별로 땅을 몇 개 들고 있는지 비교하기도 했다. 이렇게 매집한 땅에, "통매"라고 부르면서 다가구주택을 지어주는 조건으로 판매를 하였다.

이때, 중개업소의 대표 또는 건축업자는 소속공인중개사, 중개보조원에게 "이 부장도 하나 해야지"라며, 투자를 권유한다. 내가 아는 많은 소공 및 보조원들은 사장들의 집요한 설득에 다가구주택에 많은 투자를 했다. 집을 가지고 있으면 집값이 오른다. "집을 가지는 데 내 돈 하나도 들지 않고 오히려 전세를 놓으면 토지에 투자할 돈이 생긴다." 등등의 설득으로 무작정 깡통주택의 주인이 된 경우도 많이 보았다.

결과적으로 집값이 많이 올라 이익을 보았다면 성공일 것이고, 이익을 보지 못했다면 당한 셈이 된다. 경기가 좋을 때는 대다수가 웃을 수 있었고, 경기가 안 좋아지면서 서로 얼굴을 붉히고 법적 분쟁이 되는 경우도 많았다.

이때 조금 **눈치 빠른 소공, 보조원들은 자신이 비용을 부담하더라도 토지를 선점**했다. 그리고는 건축업자에게 흥정을 붙이기도 하였다. 자신이 손님을 데리고 올 테니 건축비 수익을 공유하자고 하는 것이다. 소공과 보조원들이 이렇게 거래에 뛰어들고, 대표인 공인중개사는 소공과 보조원들로부터 수수료를 받는다. 소공과 보조원들이 거래의 당사자가 되니, 당연히 중개보수에 상응하는 비용을 받는 것이다(자기거래금지에 관한 내용은 폭풍성장 단계의 판례를 참고 바란다).

소공과 보조원들의 거래에 따른 비용을 받는 것은 대표로서는 당연하지만, 직원으로서는 중개보수를 주기 싫어하는 마음도 있었을 것이다. 그래서, 대표 모르게 직거래로 계약을 체결하는 경우도 많았다. 천태만상이다.

중개업을 하다 보면, 원·투룸 임대, 아파트·빌라의 임대와 매매를 벗어나 상가, 토지 등의 다양한 분야로 발을 넓히게 마련이다. 특히 토지 분야는 그 중개의 난이도가 높다고 평가된다. 초보 중개사가 토지 분야로 업무를 넓히게 되면 지역에서 활동하는 무등록 중개업자들과 같이 일하는 경우가 종종 생기곤 한다.

이러한 무등록 중개업자를 속된 말로 "똠방"이라고 한다. 이러한 똠방들을 무등록 중개업자라고 하였지만, 중개사 자격증을 빌리거나 고용해서 개설등록을 하고 영업하는 경우도 많다. 개설등록을 하고 영업하지만, 계약서에 중개사의 도장을 날인하지 않는 경우도 많다. 이러한 똠방들의 사무실은 항상 사람들이 많이 드나든다. 건축업자, 중장비 업자, 설계사무소 등등. 똠방의 사무실은 "○○개발"이라는 간판을 걸고 담배연기 자욱하게 항상 골프 채널을 보면서 먹잇감을 기다린다. 오해하지는 말자. "○○개발"이라는 간판을 걸었다고 해서, 모두 다 똠방이라는 얘기는 아니다.

나 역시, 내 욕심에 내 발등을 찍은 경험이 몇 번 있다. 나 스스로 발등이 찍혀 피눈물을 흘리기 전까지는 정말 전문성 있는 개발업자로만 알았다. 화성에서 중개업소를 운영하다 보니 자연스럽게 토지를 접할 기회가 많이 생겼다. 물건을 찾아 소개를 받아 찾아간 곳은 "○○개발".

옆 사무실에 근무하는 또래의 친구(중개보조원)가 자기가 요즘 토지 투자에 관심이 많아서 개발사무실에서 토지 물건을 받아온다며 같이 가자고 안내해주었다. 사무실에는 각종 감사패가 즐비했다. 여러 건의 토지 물건을 ○○개발 대표가 쭉 설명해주었다. 하나같이 쉽지 않은 물건들이라고 느꼈다. 하지만 나이도 많고, 경험도 많은 ○○개발 대표가 하는 얘기를 끊고 자리를 떠날 수 없었다. 하릴없이 계속 들으며 "네, 네" 하며 있었다. 이렇게 주공격수가 있으면 바람잡이도 있다. 중개보조원, 포크레인 기사 등등이 "형님, 회장님" 하면서 이거 같이 한번 가보자고 바람을 잡는다.

그렇게 이야기를 나누다가 어느 순간, ○○개발 대표가 갑자기 기업은행 지점장을 사무실에서 소개해주었다. 지점장에게 명함을 건네받고 놀랐다. 기업은행 지점장이 90도로 인사를 하는 것이 아닌가. ○○개발 대표는 나에게 "지점장이 공사비 전액을 대출해주기로 했어"라며 과시를 했다. 기업은행 지점장은 "당연히 해드려야죠." 하면서 맞장구를 쳤다.

거래하기로 확보한 토지가 7억이고, 공사비가 10억인데, 20억에 매수자가 있다고 한다. 매수자는 보일러 관련 특허를 가지고 있는 기

술자가 회사에서 나와 법인을 설립하고, 공장 설립의 우대로 취득세를 감면받고 매입하기로 약정이 되었다고 한다. 매수자와 만나고 인사를 나누었다. 자신이 특허기술을 보유하고 있고, 회사와의 분쟁으로 독립을 하는데, 가지고 있는 돈이 없어 ○○개발에게 자금과 공장 설립을 의뢰한 상황이라고 밝혔다. **내가 이 사람을 믿어야 하나?**

우선 토지담보대출로 토지를 매입하려 하니 3억이 필요하다고 한다. 3억 투자하면, 6개월 공사 완료 후에 3억의 수익이 남는다고 한다. 이걸 그대로 믿다니, 나도 참 바보였다. 바람잡이들은 자기들은 지금 2천만 원밖에 없다고 돈 있으면 자기가 하겠다고 난리다. 아, **정말 이때 걸렀어야 했는데.** 바람잡이들은 2천만 원 아닌, 200만 원은 있었을까? 결국, 나는 돈에 눈이 멀어서, 내가 가진 돈과 친구와 가족에게 투자를 권유해서 3억 원을 투자했다.

물론, 투자를 결정하는 데 있어서, 매입약정이 100% 작용한 것은 아니었다. 최악의 경우 내가 토지를 사게 되는 것인데, 시세 대비 꽤 저렴했기 때문에 괜찮은 투자가 될 거라는 생각도 들었다. 토지의 매입이 끝나고 공사가 시작되었다. 아니나 다를까, 서류상으로 체결된 매입약정서 외에, 최소 증거금으로 입금해야 하는 약정금 3,000만 원이 입금되지 않았다. 20억 공장을 사려는 사람이 매입 약정금 3,000만 원이 없어서 아무것도 못하는 상황이 되었다. 이미 공장 건설에 필요한 개발행위허가, 건축설계 및 허가 모두 완료했고, 가윗돈도 많이 지출된 상황이었다. 결국, 보일러 기술자는 도망쳐 버렸다.

나는 땅을 끌어안고 끙끙거렸다. 6개월에 종결하기로 한 사업계획은 물거품이 되고, 근 2년이 다 되어서야 새로운 매수자를 찾아 토지와 건축계약을 양도할 수 있었다. 최초 계획했던 20억보다 낮은 18억에 매매를 했다. 결국, 수익은 1억이었다. 이익으로 얻은 1억은 나와 함께 투자해준 누나와 친구에게 고스란히 이자로 나눠주었고, 나에게 남은 것은 뼛속 깊이 새겨진 경험, 이자 지출로 얻은 마이너스 통장뿐이었다.

정확하게 말하면, 마이너스 이자는 매월 내가 버는 돈으로 충당했고, **나는 원금도 제대로 회수하지 못한 셈.** 그리고 또다시 2년 정도 지났을까, 과점주주 간주취득세로 2,000만 원이 한 번 더 부과되더라. 이러한 토지거래의 특성상 단순히 내 명의로 토지매매계약을 하는 게 아니었다. 공장 설립을 위한 법인을 설립하는 데 자금을 투자하고, 그 법인의 관리를 맡았다가, 그 기술자가 도망가면서, 법인의 지분 100%를 내가 회수한 셈. 그러니 과점주주가 될 수밖에 없었다.

공인중개사 창업을 이야기하면서 너무 멀리까지 이야기가 갔나 보다. 뼛속까지 새겨진 경험과 교훈들이 너무나도 많다. 혹시라도 더 많은 이야기가 궁금하다면, 내가 운영하는 네이버 카페를 찾아와 주기를 바란다. 결론, 과도한 욕심은 사람을 눈멀게 한다. 공인중개사가 욕심이 생기면, 나락과 가까워진다. **나 이외의 다른 사람이 내게 큰돈을 벌어줄 것이라는 안일한 생각**, 정말 어리석었다.

사람이 아닌 상황을 믿어라. 이 한 줄.

06

네트워크의 허와 실

　자격증을 취득하고 개설등록 실무교육을 받게 된다. 더러는 사설 기관이나 선배 중개사들에게 과외 형식의 실무교육을 받기도 한다. 특히 요즘은 공인중개사 학원에서 합격생들을 대상으로 별도의 과정을 만들어 실무교육을 운영한다. 이때 강조하는 것이 네트워크이다. 새내기 중개사님들은 밝은 표정과 자신감으로 네트워크 형성을 위해 많은 모임에 참가한다. 과연 공인중개사로서의 네트워크는 어떻게 만들어지고, 어떤 역할을 하는 것일까?

　새내기 공인중개사들 10명이 있는 그룹에 속했다고 가정하자. 새내기 동료들과 열심히 네트워크를 형성하려 할 것이다. 만약 당신이 이렇게 행동하고 있다면, 당장 이런 네트워크 활동은 멈추었으면 한다. 지금부터는 내가 하는 얘기를 소설 쓰고 있다고 말해도 좋다. 욕하면서 읽어도 좋으니까 꼼꼼히 읽어주었으면 좋겠다.

쉽게 말해 합격생 동기들끼리 학원에서, 인강에서 만나서 밥 먹고, 과제하고, 회장 정하고, 총무 정한다. 이런 모임, 하지 않았으면 좋겠다. 아무것도 안 하는 것보다 무어라도 하는 게 낫지 않냐고 반문할 수 있을 것이다. 나는 차라리 아무것도 하지 말라고 얘기하고 싶다. 합격생 동기들끼리 네트워크를 형성해서 모르는 것을 알려주고 끌어준다는 느낌의 어장관리를 당하고 있다.

누군가는 다른 누군가의 영업대상이 될 수 있을 것이다. 모임에 10명이 있다면, 그중 2~3명은 의도를 가지고 모임에 참석할 것이고, 4~5명은 모임의 긍정적 기능이 있을 것이라고 믿고 모임에 참가할 것이며, 2~3명은 모임에 의존하면서 참가할 것이다. 불확실한 미래가 비슷한 처지에 있는 동료로 보이는 사람에게 의지하게 만드는 상황이 생긴다.

이때 의도를 가진 2~3명은 의존하는 성격의 동료에게 권리금의 거품이 있는 상가를 권할 수도 있고, 불필요한 생각과 걱정을 주입할 수도 있다. 모임의 명확한 목적, 가야 하는 방향, 리더의 역할, 외부의 통제장치가 없는 모임에서 쉽게 있을 수 있는 상황이다.

네트워크는 그룹 내의 모임을 열심히 한다고 얻어지는 것이 아니다. 네트워크를 얻는 방법은 그룹에서 두드러지는 아웃스탠딩(Outstanding)한 사람이 되는 방법밖에 없다. 내가 그 그룹에서 두드러지는 역량과 성과를 보유한 사람이라면, 같은 그룹 내의 동료들은 자연스럽게 나와 함께 일하고 싶어 한다. 하지만 나는 매우 바쁜 사람이다. 두드러지는 성과는 그냥 만들어지는 것이 아니기 때문이다.

같은 그룹에 있는 동기라 할지라도, 어중간하고 의뭉한 사람과는 일하기 싫다. 두드러지는 사람이 나 혼자 있는 것은 아닐 것이다. 그룹에서 한두 계단 올라서서 +멤버가 된 사람들은 그들끼리 자연스레 눈높이가 맞게 된다. 앞의 그림에 10+에 있는 사람이 진정한 동료라고 할 수 있다. 10에 있는 사람들은 모두 동료 무늬이다.

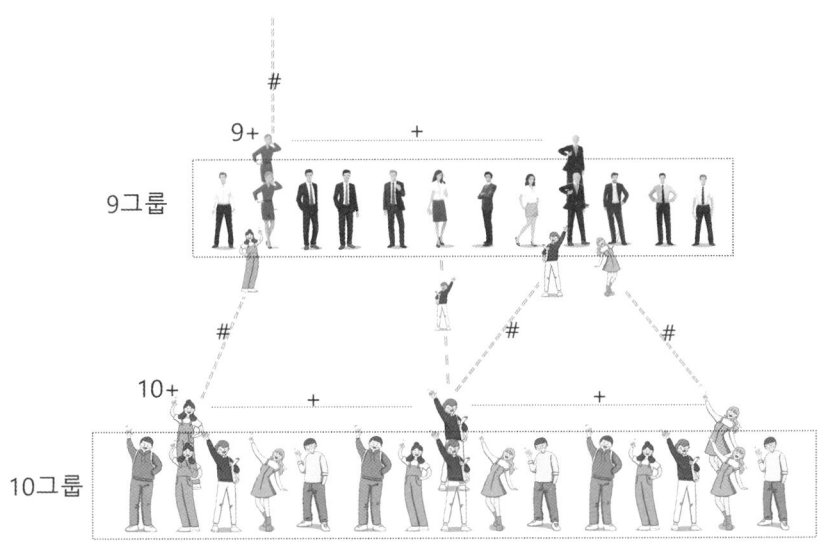

여기에서 한 가지는 꼭 기억해야 한다. 가장 중요한 것은 자신이 **+멤버가 되지 않으면 +링크를 가질 수 없다.** 자신에게 +링크가 있다면, 스스로 +멤버라고 평가해도 좋다. 이처럼 "+링크"는 자연스럽게 형성된다. 열심히 일을 하다 보면 서로 도움을 주고받는 관계가 형성되고, 같은 무리이지만 일의 앞뒤를 알고 일 잘하는 동료를 발견하게 된다.

+멤버가 되고, +링크를 가졌다면, 자연스럽게 9그룹의 콜을 받을 것이다. 9그룹은 이미 10그룹에서 한 단계 업그레이드된 사람들이다. 똑같은 공인중개사라도 레벨이 다를 수 있다. 공인중개사가 아닌 빌딩 임대인이 될 수도 있고, 건축업자나 건설사의 대표가 될 수도 있다.

9그룹에서는 항상 10그룹의 +멤버를 보고 있다. 10그룹의 +멤버와 업무를 하는 것이 훨씬 효율적이다. 같은 9그룹의 멤버와 일하는 것보다 10그룹 +멤버와 일하는 것이 속도와 비용면에서 유리하다. 같은 9그룹의 멤버 간의 협업은 +멤버가 아닌 이상 굳이 필요 없다. 비슷한 레벨이니까.

9그룹의 +멤버라면 10그룹의 +멤버보다 일은 잘하겠지만, 비용이 비싼 것은 사실이다. 조금 기분 나쁠 수도 있겠지만 현실이다. 나는 지금까지 9그룹에서 누군가 콜을 한다면 빠른 속도로 달려가는 사람이었다. 어서 빨리 9그룹이 되고 +멤버가 되고, 8그룹으로, 7그룹으로 성공을 추구하는 사람이었다.

상위그룹으로 콜업될 때는 주의할 점이 있다. 나를 콜업하는 멤버가 상위그룹의 +멤버인지 잘 보아야 한다. 상위그룹의 존재감 없는 멤버의 콜업을 받는다면 +멤버가 콜업할 때까지 적당한 거리와 관계를 두는 것도 나쁘지 않다. 상위그룹의 +멤버의 콜업을 받아야지 그 다음 그룹으로 진출이 유리해진다. 한번 손발을 맞췄던 사람들과 계속 함께 맞추기 때문이다.

조금 과한 표현을 써서 10그룹이니, 9그룹이니 얘기했지만, 가장 중요한 **핵심은 +멤버가 되는 것**이다. 지역에서 두드러지는 활약을 하는 공인중개사는 틀림없이 좋은 협업제안이 많이 들어온다. 그리고 그 제안 중에서 좋은 제안을 받아들여서 잘 완수하면, 큰 수익이 생긴다. 그 수익을 바탕으로 작은 시행사업도 할 수 있고, 더 큰 규모의 사무실도 운영할 수 있게 된다. 한 단계 올라선 그룹에서 다시 +멤버가 되어야 한다. 이렇게 작은 성공을 반복하면서 큰 성공에 다가갈 수 있다.

이제 제발 10그룹에 속한 사람들끼리 열심히 뭉치고, 밥 먹고, 술 마시고 그만했으면 좋겠다. 10그룹 내에서 네트워크 활동은 더 이상 필요 없다. 10그룹 내에서 모임하는 사람들은 "우리끼리 서로에게 도움을 주며 잘 살 수 있다"라고 생각하는 사람들이다. 10+가 되려는 사람들은 "나 스스로 변화하고 발전해야, 더욱 잘 살 수 있다"라고 생각하는 사람들이다. 후자를 택하자.

| 제2장 |

본격 창업준비

01

나침반을 준비하고
항해를 떠나라

방구대장TV를 운영하는 동안, 몇몇 부동산중개업소 컨설팅을 진행했다. 개중에는 깊이 고민해볼 만한 굵직한 질문도 있었지만, 사소한 질문이 매우 많았다. "한 곳의 입지는 1,500세대 아파트, 한 곳의 입지는 주택가 이면도로인데 어디에다 하면 좋겠냐?"는 짧은 질문이다. 내가 무슨 무당이냐? 되묻고 싶었다. 두 곳의 입지는 상세히 비교해봤느냐? 반경 100m 세대수, 반경 300m 세대수 주변 환경, 인구 등등 물어보면 대부분 얼버무린다.

공인중개사도 창업하면서, 사업계획에 대한 구체적인 검토 없이, 여기가 좋겠다는 감으로 창업하는 사람이 상당수다. 부끄러운 중개사의 현실이지만, 대부분 그렇다. 사업계획서를 물어보면, 굳이 써야 하냐고 반문한다. 어떻게 쓰는 줄 모른단다. 양식이 어디 있냐고 물어본다. 대부분 질문자는 질문과 함께 자신의 답을 스스로 가진 경우가 많다. 사업계획서는 자신에게 끊임없이 질문을 던지고, 스스로 답을 찾아가는 과정이다.

사업계획서 잘 쓴다고 실패하는 사업이 성공하지 않는다. 안 쓴다고, 성공하는 사업이 실패할 확률도 거의 없다. 하지만, 내가 어디로 가야 하는 하는지, 내가 어떻게 가야 하는지 정도는 종이에다 써가면서 비교해보고 결정해야 한다. 길을 떠나면서 계획대로 잘 가고 있는지 확인해볼 때 지도를 보듯 펼쳐봐야 한다. 자기 계획조차 하나하나 정리해 나가지 못하는 사람이 어떻게 다른 사람의 거래에 대한 이해관계를 파악하고, 특약으로 분쟁을 예방해줄 수 있다는 말인가?

내가 생각하는 창업준비의 최종 결과물은 "구체적 계획"이다. 실무교육을 받았으니, 앞으로 나의 업에서 이런 계획을 세우고 업무를 수행해야겠다는 계획이 잡힐 수 있어야 올바른 실무교육이라고 할 수 있다. 내 성격을 고려했을 때, 토지를 다루는 일이 적성에 맞는 것 같아. 토지를 중개하기 위해서는 인허가 절차와 개발행위, 건축과 관련된 기본적인 업무경험을 쌓아야겠어. 매물을 확보하기 위해서 어떤 준비가 필요하고, 사무소를 개소하기 전에 확인하고 준비해야 할 것들에 대한 목록의 구체화를 하여야 한다. 이런 것들이 준비되어야, 실무에 들어갔을 때, 흔들리지 않고 앞을 향해 달릴 수 있다. 이것저것 모르는 것도 많고 처음 겪는 상황이 많은데 우왕좌왕 갈피를 잃고 좌절하지 않을 수 있다. 실무교육을 마쳤으니 구체적인 준비계획을 수립해보자. 사업계획을 수립해보자.

창업계획에 첫 번째로 들어가야 할 내용은 바로 공인중개사, 대표자 자신에 대한 파악이다. 왜냐하면 공인중개사, 부동산중개업은 장비를 많이 다루거나(중·장비업), 재료가 중요하다거나(제조업), 기후가 중요하다거나(농업) 다른 업종들과는 성격이 다르다. 중개업은 대표자 공인중개사가 가장 큰 장비이고, 가장 큰 재료이고, 성패를 좌우하는 환경적인 요인이다. 그러므로 중개사 스스로 자신의 강약점을 파악하고, 강점을 잘 드러낼 수 있는 영역을 선정하는 것이 중요하다. 자신의 강약점, 장단점을 파악하기 위해서는 자신이 지금까지 살아온 영역들을 쭉 돌아볼 필요가 있다. 이전 직장에서는 어떤 일을 했는지, 취미활동으로는 어떤 것을 했는지, 심지어 TV 볼 때 어떤 채널을 즐겨 봤는지까지도 꼼꼼하게 점검해볼 필요가 있다.

일반적으로 내게 사람들이 물어온다. 주택, 상가, 토지, 공장 자신에게 어떤 분야의 중개업이 적합한지 스스로 잘 모르겠다. 방구대장이 볼 때, 지역적인 가능성과 장래의 경제상황 등에 비추어 추천해 달라고 한다. 이런 경우, **나는 "주택"을 먼저 접근하라고 조언한다.** 주택으로 부동산중개업을 시작하라고 조언해주는 이유는, 스스로 자신의 영역을 설정 못한 경우, 빨리 자신의 영역을 찾아가는 과정에서 가장 적합한 업무영역이 주택이기 때문이다. 주택 분야의 적성이 두루 맞추기 좋아서 주택으로 시작하라는 뜻이 아니다. 주택 분야의 중개업을 하다 보면, 많은 사람을 만나게 되고, 많은 사람을 만나는 과정에서 토지, 상가, 공장, 경매 등 여러 영역에 대한 문의들을 자연스럽게 접하게 된다. 하나씩 알아가는 과정에서 틀림없이 본인에게 더 적합한 업무영역을 발견하게 된다.

　나의 경우, 방구대장 생활을 하면서, 원·투룸을 전문으로 다루었다. 이후, 건축업자 사장님들과 친하게 지내게 되었고, 시행사업에 관심을 끌게 되었다. 화성시 향남읍으로 사업장을 이전하여, 상업용지의 사업성 검토, 분양을 바탕으로 전문성을 키웠고, 향남읍에서 상업용지! 하면, "향남대표강남부동산 정 소장!"이라고 연관되게끔 중개업자 사이에서 인식을 심어주었다. 실제로 향남2지구의 상업용지 거래의 상당수를 독점적으로 맡아 거래하였으며, 이때 중개사로서 보람을 느끼며 많은 이익을 얻을 수 있었다.

　그 다음은 **사업의 비전, 목표를 설정하는 것**이다. "중개업에서 특별한 비전, 목표가 있겠나?"라고 반문할 수도 있다. 없다면 만들어내야 한다. 1~2년 하고 덮을 일도 아닌데, 10년 20년 업을 이어 나가야 하는데 발전 없이, 비전 없이, 목표 없이 10년 이상 업을 이어갈 수 없다. 10년 된 동네 맛집의 사장님에게는 비전이 있었을까? 없었을까? 글로 적어두지는 않았을지 몰라도, 틀림없이 있었을 것이다.

　"좋은 재료로, 거짓 없이, 이웃에게 사랑받는 맛집!"

　이 정도의 비전을 깊이 품고 장사를 하셨기 때문에 10년 넘도록 맛집의 자리를 유지하고 있을 거다. 단순히 맛있다고, 돈 잘 번다고 10년 넘게 맛집으로 유명세를 유지할 수만은 없다. 그렇다면, 다음 예시를 보면서 당신의 마음속에 품고 있는 비전과 목표를 구체적으로 한

번 끌어내 보자.

비전
• 개발업, 상업 중심의 특성화 중개업체 • 지역 사회의 지속 가능한 발전을 지원 • 고객과 커뮤니티의 삶의 질을 향상하는 부동산 솔루션을 제공
목표
• 중개거래액 1인 연간 100억 달성 • 시장 점유율 확대 : 점유율 매년 5% 이상 증가를 위한 마케팅 전략과 판매 전략을 강화한다. • 서비스 다양화 : 기존 중개 서비스 외에 임대관리 서비스를 신설 및 체계화 • 기술혁신 : 온라인 플랫폼 개발, 가상현실(VR)을 이용한 가상투어, 인공지능(AI) 기반의 매물 추천 시스템 등 최신 기술을 도입 • 지속 가능한 사업 운영 : 에너지 효율이 높은 사무실 운영, 전자계약 시스템 도입 등 • 교육 및 개발 : 직원들의 전문성과 역량 강화, 정기적인 교육 및 개발 프로그램 제공 • 100% 무사고, 안전한 공인중개사

다른 사람들과 비슷해도 좋다. 같아도 좋다. 자신만의 비전과 목표를 크게 적어놓고 스스로 구성원들에게 공유할 필요가 있다. 비전과 목표는 사업의 방향을 설정하고, 구성원들이 한 방향으로 나아갈 수 있도록 동기를 부여한다.

남들이 보기에 조금 우스워 보일 수도 있다고 안 하시는 분들 있으실 것이다. 하지만, 이런 비전과 목표를 자신에게 공표하는 것은, 절대 남들이 우습게 볼 수 없다. 오히려 외부 이해관계자들에게 회사의 야망과 계획을 명확하게 전달하는 수단이 된다. 우습게 보이는 것은, 잘한다고, 다 안다고, 해봤다고 거짓으로 얘기해 놓고, 적극적으로 실천하지 못하는 상황이 생기면 우스워 보이는 것이다.

방구대장의
방구하는 이야기

> 초심(初心) 신독(愼獨)
>
> 1. 최고보다 최선 / 근면
> 2. 정직과 신뢰!
> 3. 빠른 정보력!
> 4. 정확한 권리분석!
> 5. 꼼꼼한 업무처리!
> 6. 약속 시간 엄수!
> 7. 합리적인 가격 제시!

강남공인중개사합동사무소
公認仲介士 所長 鄭侊周
010-3377-0012

<중개업 첫해부터 사용한 방구대장 수첩의 표지>

<향남대표강남공인중개사사무소의 PC 바탕화면>

02

백지도에 그리면
내 땅이 된다

사업계획의 첫 단계에서는 자신에 대해서, 하고자 하는 업에 대해서 비전과 목표에 대한 성찰을 가졌다. 지금부터 해야 할 일은 시장을 제대로 아는 것이다. 시장분석의 방법은 여러 가지가 있겠지만, 어렵게 생각하지 말자. 내가 관심을 두고 있는 지역에 대해 여러 가지 자료들을 사전조사해 보는 것이다.

많은 예비창업자들이 어디서 창업할 것인지, 창업비용은 어느 정도 소요되는지 고민을 하고 있다. 또 무엇을 준비해야 하나 막연히 고민하게 된다. 나는 이런 사람들에게 당장 "백지도"부터 그려보라고 조언한다. "백지도 그리기"는 하얀 종이 위에 도로와 주요 건물들, 시설물들의 위치 등의 정보를 직접 손으로 그려보는 것을 말한다.

창업 입지를 선정하는 과정에서, 여러 개의 입지 중 하나를 선택할 때 백지도를 그려보면 비교가 쉬워진다. 입지 선정이 끝나고 창업과정에서 새로운 정보가 담긴 백지도를 그려본다. 내가 해야 할 일들이 선명하게 구체화된다. 지역에 무엇이 있는지, 거리는 얼마나 되는지, 어떤 특징을 가지게 되는지 하나하나 백지도를 따라서 분석이 된다. 주변에 경쟁 중개업소는 어떻게 있고, 주변의 상업시설, 주거시설이 어떻게 배치되었는지 자연스럽게 파악된다.

〈실제로 사용하고 있는 백지도〉

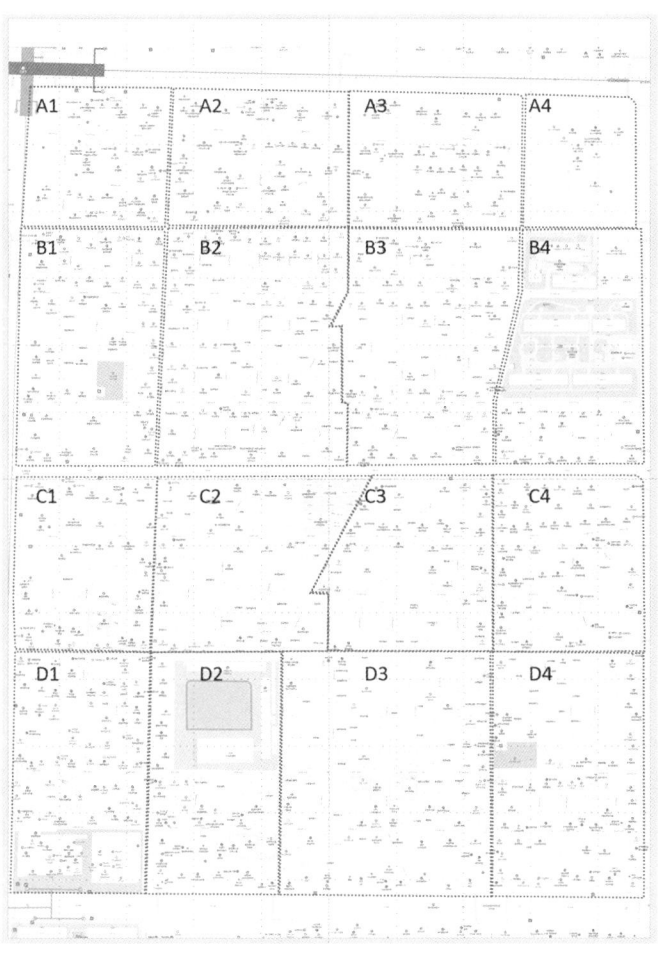

나는 지금도 백지도를 활용한다. 심지어 개발사업을 검토할 때에도, 백지도를 그려가면서 입지를 검토한다. 백지도 그리기는 지리적 이해를 향상하고 공간 인식력을 향상하는 데 많은 도움이 된다. 지리적인 이해가 이루어지는 동안, 지형, 수리, 경계 등 여러 가지 복잡미

묘한 부동산의 요소들이 이해가 된다. 우리가 수십, 수백 년 동안 살면서 생긴 길들과 그 길 위에 놓인 건물, 시설들이 어떻게 흘러왔는지 알 수 있게 된다.

백지도를 그리는 방법은 간단하다. A4용지를 준비하면 된다. A3용지면 더욱 좋고, 전지를 준비하면 더욱 좋다. 실제로 나는 첫 사무실을 개업하면서 전지를 구매하여 전지 위에다가 백지도를 그려서 업무에 활용하였고, 인접한 사무실의 선배 대표님들이 나의 자료를 많이 참고하기도 하였다.

백지도를 그려보았다면, 그 결과물을 예쁘게 바인딩해보자. 그리고 중개활동에 활용하자. 인터넷 지도에 나오지 않는 정보들을 나의 백지도 책에 꼼꼼히 채워가게 된다면, 당신은 그 누구도 가지지 못한 당신의 무기를 갖게 된 것이다. 중개활동을 하면서 자신만의 지도를 펼쳐서 고객에게 설명해보아라. 고객이 중개사를 보는 눈빛, 틀림없이 달라질 것이다.

백지도를 그려보았다면, 이제 숫자로 접근하자. 시장을 분석할 때 사용할 수 있는 숫자들이 많다. 예를 들면, 인구수, 인구의 증감, 인구의 밀도, 인구의 성비, 나이 비, 세대수, 세대의 밀도, 지역의 면적, 지역의 전입전출 규모, 행정기관의 위치, 버스의 배차간격, 지하철역의 하루 이용객 수, 초등학교의 학급 수, 학생 수, 일자리의 수, 내가 있는 행정동의 주택 개수, 아파트 단지별 세대수, 면적별 세대수, 병·의원의 수, 종합병원과의 거리 등등 찾아보면 접근할 수 있는 영역들이 무한대이다.

군이 그런 것까지 다 정리를 해야 할까요? 당연히 해야 한다. 당신이 한 달 동안 20명의 손님을 만나고 현장안내를 한다면, 손님은 위에서 말한 수십 가지 중에서 몇 가지는 꼭 물어볼 것이다. 구슬을 종류별, 크기별로 잘 정리해두었다면, 실이 등장했을 때, 뾰족한 바늘로 술술 꿰어갈 수 있을 것이다.

나는 구청, 시청, 행정기관 홈페이지를 꼭 참고한다. 구청 홈페이지에는 지역의 지도, 지명의 유래, 지역의 특산물, 지역에서 하는 일들이 일목요연하게 정리되어 있다. 새로 전입해오는 사람들에게 알려주기 좋은 우리 구만의 복지혜택도 구청 홈페이지에서 쉽게 발견할 수 있다. 인구에 대한 자료는 구청이 가장 정확하다. 매월 갱신되어서 최신 자료를 참고할 수 있다.

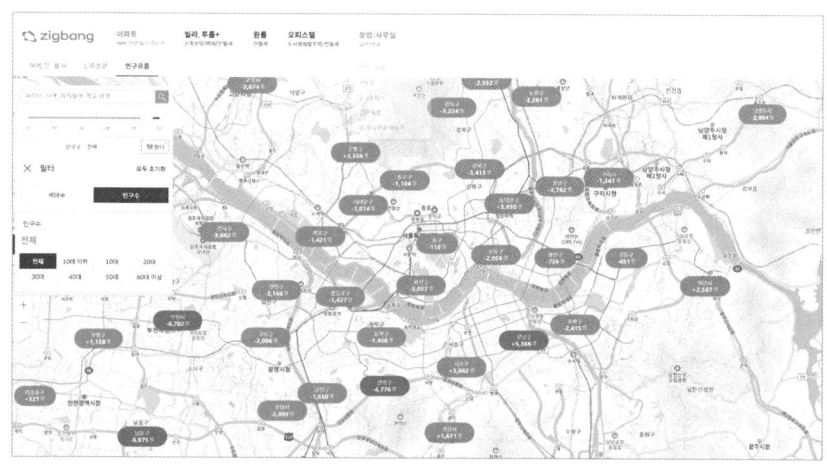

직방에서는 주민등록인구를 분석하여, 연월 단위의 인구증감, 세대 증감을 직관적으로 볼 수 있도록 서비스를 제공하고 있다.

서울전체	강남구 (19,611)	강동구 (1,704)
강북구 (580)	강서구 (3,180)	관악구 (1,870)
광진구 (1,591)	구로구 (3,425)	금천구 (4,640)
노원구 (675)	도봉구 (361)	동대문구 (1,186)
동작구 (1,226)	마포구 (4,332)	서대문구 (1,135)
서초구 (7,392)	성동구 (3,457)	성북구 (624)
송파구 (5,228)	양천구 (1,056)	영등포구 (4,834)
용산구 (2,010)	은평구 (779)	종로구 (2,173)
중구 (3,616)	중랑구 (585)	

직업소개, 인재채용을 하는 "사람인"이라는 사이트를 보면, 행정구역별로 얼마나 많은 채용공고가 진행되고 있는지 알려준다. 이런 채용공고를 월 단위로 정리해보면, 우리 지역의 경기 흐름이 어떻게 변화하고 있는지도 직관적으로 알 수 있다. 위의 구직사이트 현황을 보면, "강남 불패"의 신화가 어디서 출발했는지 직관적으로 알 수 있지 않은가! 강남구와 기타 구의 규모 차이를 실감할 수 있을 것이다.

백지도를 통한 지역의 평면적·입체적 파악, 시군구청, 주민센터 등에서 얻을 수 있는 지역정보 및 데이터, 통계청을 비롯해 각종 인터넷 사이트에서 제공되는 정보들을 종합하여 자신의 데이터를 축적하게 되면, 누구보다 설득력 있는 중개사가 될 수 있다. 창업을 준비하면서 이러한 데이터를 차곡차곡 쌓아두는 것이 좋다. 중개업무를 처음 시작할 때, 막막한 느낌을 모두 한 번쯤 경험하게 될 것이다. 하얀 종이 위에 지도를 그려가며, 내가 걸어야 할 길과 내가 일해야 할 땅을 잘 표시해둔다면, 일의 우선순위가 쉽게 정리될 것이다.

03
효과적이고 빠른 업무를 위한 세팅

요리 프로그램을 본 적이 있는가? 어떤 요리를 소개하든, 가장 처음에는 재료들을 깔끔하게 정렬해 놓고 시작한다. 부동산중개업에서 모든 자원을 깔끔하게 세팅하는 것은 사무실 배치를 말한다. 직간접적으로 얻은 경험과 주변의 사례를 바탕으로, 내가 운영할 사무실의 배치를 고민해야 한다.

대부분의 중개사무실은 10~15평 정도의 면적을 사용하는 것이 일반적이다. 사무실마다 다르겠지만, 10평의 면적을 4~5인의 직원이 함께 쓰는 경우도 보았고, 15평 정도의 면적에 2명이 근무하는 사무실도 많았다. 사무실을 구성할 때 주의해야 할 점, 장단점을 비교하면서, 나에게 필요한 사무실을 완성해보자.

업무 스타일마다 다르겠지만, 나는 책상의 크기를 중요하게 생각한다. 특히 중개사는 현장 아니면 책상, 두 곳에서 근무하는 경우가 많다. 그래서 큰 책상을 선호하는 편이다. **지금까지 내가 사용한 모든 책상의 크기는 1,400×700mm이었다.** 가장 수요가 많은 크기다. 듀얼 모니터를 사용할 수 있고, 책상 위에 PC를 올려두어도 공간이 부족하지 않다. 책상 위에 PC를 올려두는 경우는 공간활용 측면에서 불리할 수도 있으니, 책상 아래의 공간에 거치대를 두어 책상을 훨씬 넓게 활용할 수도 있다.

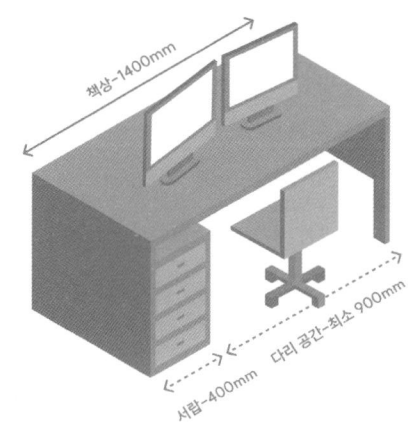

책상+서랍 추천 조합

1,200×600mm 책상도 많이 사용한다. 책상에서 업무를 하는 것보다 현장활동을 많이 하는 직원들이 많이 사용하는 책상이다. 좁은 사무실에 많은 사람이 근무하게 하려고 사용하는 경우가 많다. 임대료가 높은 지역에서는 1,000×600mm 책상도 가끔 사용하곤 한다. 너무 좁은 책상을 사용하여 많은 직원이 밀집해서 근무하게 되면 피로감이 증가할 수 있으니, 최소 1,200mm 폭의 책상을 갖추는 것을 추천한다.

1,600×800mm 책상은 주로 대표님들이 쾌적하게 사용할 수 있는 크기다. 2,000×1,000mm의 경우 회장님 책상이라고 불러도 좋을 것 같다. 이 크기의 경우 책상으로 사용하는 것보다 회의 테이블로 사용하는 경우가 많다. 처음 사무실을 준비하면서 사무용 가구에 대한 고민이 많고, **감을 못 잡는 경우가 종종 있다.** 이럴 때는 이케아에 방문해서 책상 크기를 직접 확인하면서 앉아보고 필요한 크기의 책상과 테이블, 의자를 고르는 것이 좋다. 이케아에 방문하기 전에는 반드시 사무실 내측 크기를 실측해서 가도록 하자.

칸막이를 사용해서 적절히 공간을 분리할 필요도 있다. 중개업소는 사무실 내부에서도 묘한 경쟁과 협력관계가 형성된다. 때로는 직원들 간에 간섭으로, 사무실의 불편을 초래하는 때도 많다. 적절한 칸막이를 사용해서, 효율적인 업무공간을 구축하자.

1,000mm
앉은 자세에서 상호 간의 의사소통을 할 수 있는 높이로, 같은 업무를 수행하는 팀이나 대내외적으로 공개된 성격의 업무 환경에서 활용

1,500mm
개인 프라이버시 및 집중력을 높일 수 있는 독립적인 공간 연출, 각종 스타일의 수납공간을 개인 업무 내용에 따라 효율적으로 배치, 활용할 수 있는 공간

1,200mm
앉은 자세에서 시선 차단, 프라이버시 확보, 선 자세에서 의사소통 원활, 같은 부서 내의 업무 내용에 따른 공간 활용

1,800mm
주위 환경과 시각적 차단을 필요로 하는 곳에 활용, 보안을 필요로 하는 정보실 등의 환경에 알맞은 공간

1,200mm 칸막이(파티션)의 경우, 앉은 상태로 각자의 정수리가 보이지 않기 때문에 업무수행의 정도나 개인의 현재 상태를 파악하기 어렵다. 일어선 상태라도, 칸막이 내부의 상황이 보이지 않기 때문에 프라이버시가 확보된다. 반대로 책상 정리가 안 되는 직원이라면, 가까이 가서 보게 되면 어지러운 책상을 보게 될 것이다. 사무실에 손님이 와도 일어서지 않으면 보이지 않아 불편할 때가 있다.

   1,000mm 칸막이의 경우, 최소한의 프라이버시가 확보되고, 소통 기능이 확대된다. 책상 상부의 정리 안 된 케이블이나 서류들을 깔끔하게 가려줄 수 있어 편리하다. 외부에서 손님이 오거나 직원 상호 간에 소통할 때도 가볍게 허리를 펴서 소통할 수 있다. **중개사무소에서는 1,000mm 칸막이가 가장 적합하다.**

   책상과 칸막이에 대한 짧은 고민을 마쳤다면, 임대차 예정인 사무실에 배치도를 그려보자. 배치도를 그려보는 것도 어렵지 않다. 안목치수를 측정하여 모눈종이에 영역을 표시 후 책상 크기, 소파 크기, 책장 크기를 적용하여 배치도를 그려보는 것이다. PPT로 그려보아도 좋을 것이다. 내가 운영하는 카페 자료실에 배치도를 그려보기 위한 PPT 파일이 업로드되어 있으니 참고하기 바란다. 사무실은 대표실, 상담실, 탕비실, 사무공간 등으로 나눌 수 있다.

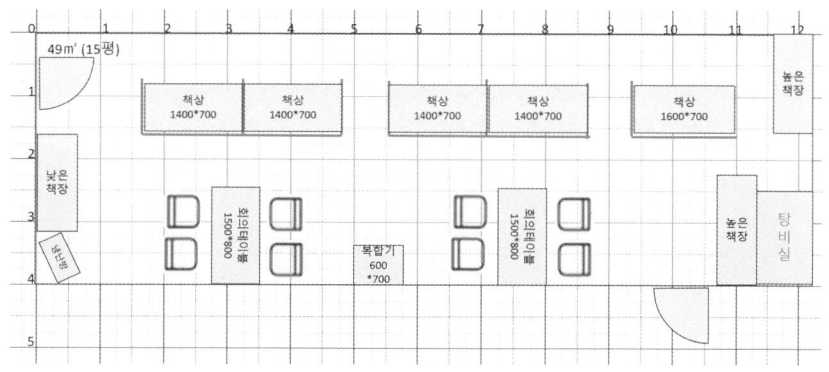

내가 바라보는 근무 인원에 따른 사무소 면적은 1인당 3평이다. 9평의 공간에는 최대 3명까지 근무하는 것이 적합하다는 의미이다. 12평은 4명, 15평은 5명의 쾌적한 근무가 가능하다. 책상 크기를 줄이고 공간을 더욱 밀집시키면 근무 인원을 늘릴 수 있다. 30평의 사무실에 20인 이상이 근무하는 고효율 사무실도 있다. 중개사무소의 대표는 근무하는 직원이 많을수록 높은 수익을 가져갈 가능성이 크다. 수익성과 함께 근무환경, 공간활용의 효율을 고려해야 한다.

임대차 계약을 체결하기 전 사무실의 내부 크기를 실측해서, 배치도를 그려보면 많은 도움이 된다. 기존 사무실을 인수하는 경우, 배열을 그대로 사용하는 경우가 많다. 새로운 사무실을 만들게 될 때는 반드시 배치도를 그려보아야 한다. 위의 이미지에서 볼 수 있듯이 15평 사무실에 5명 정도 근무하면서, 미팅 테이블 2개를 사용할 수 있다.

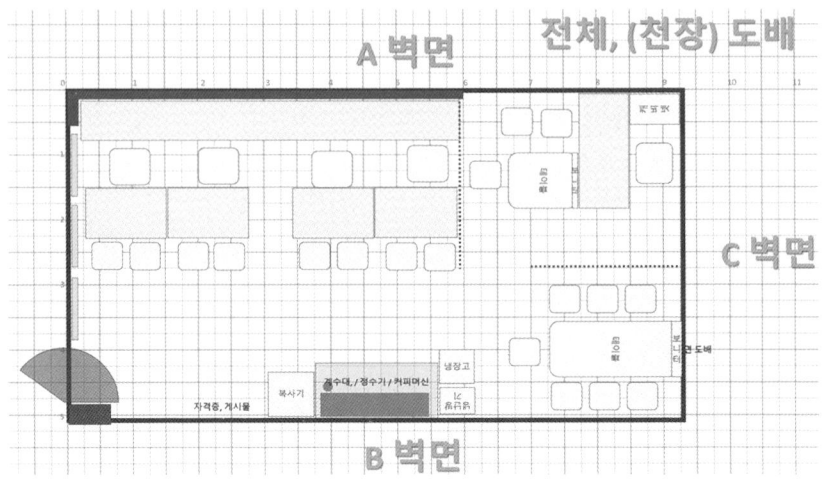

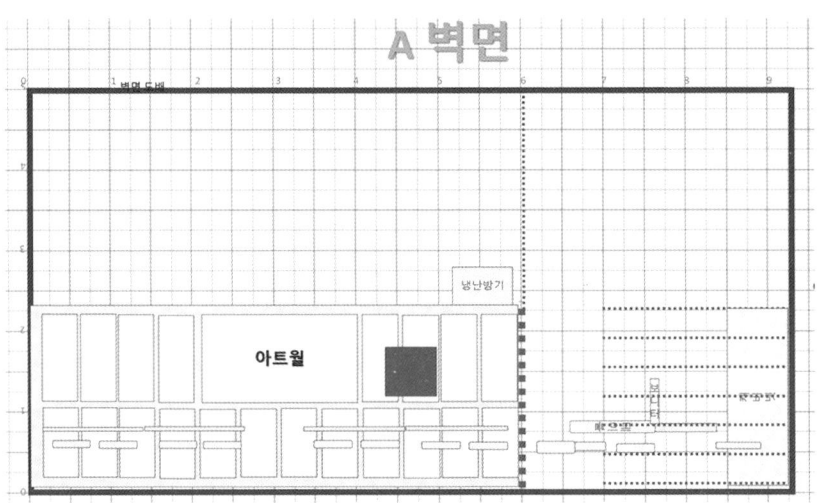

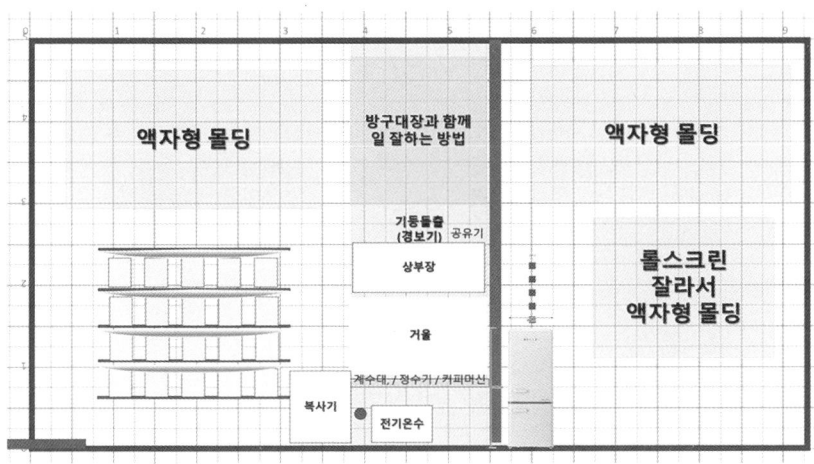

사무실을 준비하면서 PC와 프린터에 대한 선택 고민이 많을 것이다. 나는 사무실에서 가장 중요한 부분이 바로 PC와 프린터라고 생각한다. 7평 내외의 2~3인 사무실이 아닌 10평 이상의 사무실이라면, 삼성에서 출시되는 대형 컬러레이저 복합기를 추천한다. 가격은 200만 원 내외로 비싼 편이다. 하지만 한번 사놓게 되면, 10년 이상 쓸 수 있는 장점이 있다. 빠르고 선명한 출력, 번지지 않는 잉크, 스캔, A3 도면 출력, 데이터 저장 등 여러모로 장점이 많다. PC 역시 중급 정도의 사양으로 윈도즈와 오피스, 한글 정품 프로그램을 설치하기를 권장한다.

좋은 PC, 좋은 프린터를 사면 좋은 건 당연하다. 비용의 문제일 것이다. 하지만 초기에는 300~400만 원 지출이 더 발생하는 것처럼 느끼겠지만, 준수한 성능의 사무기기는 몇 달 정도 쓰게 되면 그 이상의 실력과 가성비를 보여준다. 후회 없는 선택이 될 것이다.

<방구대장이 10년째 쓰고 있는 프린터>

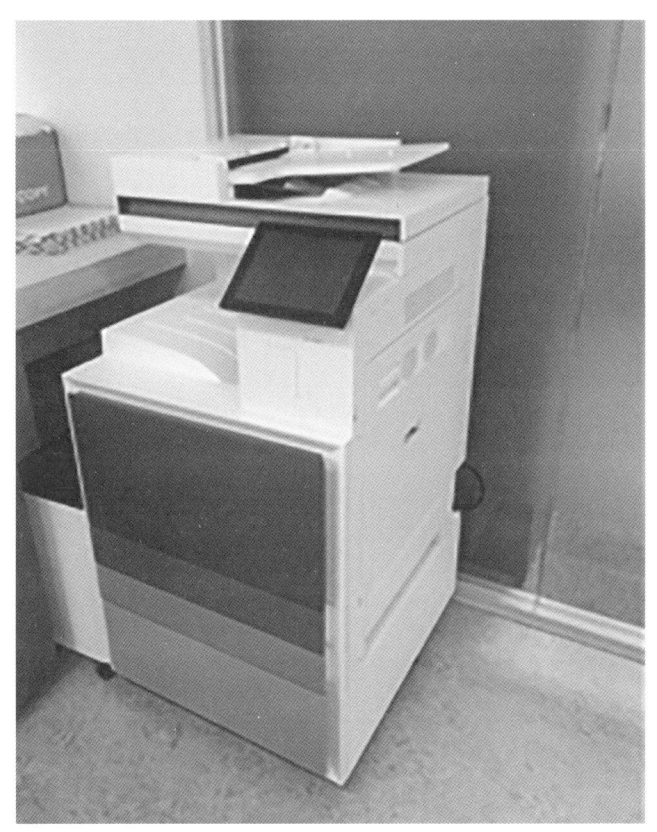

<최근 삼성에서 출시되는 복합기 180만 원대>

사무실의 효율적인 배치는 효과적이고 빠른 업무를 하기 위한 첫 단계이다. 경험이 없으니, 인테리어 업자에게 맡긴다 생각지 말고, 인테리어 업자를 붙들고 하나하나 물어보자. 그림을 그려가며 배우게 되면 거기서부터 실력이 쌓일 것이다.

04
성장에 적합한 사무실 운영

입지를 분석하고, 정보를 모으고, 사무실의 배치와 구성, 비품까지 고민해보았다. 그렇다면 사무실을 어떻게 운영할 것인가? 1~3인 사무실, 3~6인 사무실, 6~10인 사무실 정도로 나눠서 생각해보자. 소형, 중형, 대형이라고 간략하게 구분 짓고 장단점과 준비사항을 비교해보자.

소형 사무실을 선택하는 이유는 부담 없는 월세와 자유로운 활동을 꼽을 수 있다. 아무래도 면적이 작다 보니 50~100만 원 내외의 월세로 사무실을 구할 수 있다. 1인 기업에 가깝다 보니, 구성원과의 협업보다는 개인의 일정대로 활동할 수 있다. 월세가 저렴하므로 한 달에 1~2건의 거래로도 최소 유지비를 마련할 수 있다.

특히, 상가가 많은 지역에서는 사무실의 임차료 역시 비싸므로 소형 사무실을 오랫동안 유지하고 있는 터줏대감 같은 대표님들이 종종 계신다. 이런 분들은 지역의 역사를 훤히 꿰고 계신 베테랑이다. 몇 마디 이야기를 나눠보았을 때, 농익은 전문성이 엿보이는 조언으로 고객의 관심을 사로잡는다.

중개업을 창업하면서 소형 사무실을 선택하는 경우에는 월세가 저렴하다는 장점이 있지만, 많은 사람이 왕래하면서, 다량의 정보를 수집하기는 어렵다는 점을 명심해야 한다. 터줏대감 대표님처럼, 긴 시간을 두고 정착해야 할 가능성이 크다. 물론 입지마다 본인이 역량을 어떻게 발휘하는가에 따라 다르지만, 구성원이 적다는 것은, 한 번에 유통될 수 있는 정보의 양이 적다는 것을 의미하기도 한다.

중형 사무실의 경우 대표와 소속공인중개사, 중개보조원으로 이루어진다. 소속공인중개사의 경우 계속 근무하며, 대표와 신뢰가 쌓이고 합이 잘 맞는 경우, 합동사무실을 사용하기도 한다(합동사무실, 과거 공인중개사법에서 사무실을 공동으로 사용할 경우, 명칭에 "합동"이라는 표기를 하도록 하였기 때문에 "합동사무소"라는 용어와 상호를 사용하였다. 지금은 공인중개사법에서 "합동"이라는 용어에 대한 언급이 없으므로, 별도의 사무소 명칭을 사용할 수 있다). 중형 사무실의 경우, 구성원 간의 합이 잘 맞으면 시너지를 발휘하기 좋다. 특히 주말 근무와 같은 편의를 서로 주고받을 수 있다는 장점이 있다. 하지만 이것은 어디까지나 구성원 서로의 배려와 협조로 이루어진다. **추상적인 개념인 배려, 협조와 같은 문화적 요소를 끌어내기 위해서 대표자의 더 큰 배려와 협조가 필요할 때가 많다.**

좋은 분위기 속에서 원팀처럼 보이지만, 모래알처럼 산산이 조각나는 것도 한순간이다. 그렇기에, 처음부터 각 개인적 요소에 중점을 두고, 협업에 대한 성과보수 요소를 보완하는 방식으로 사무실을 운영하게 된다.

중형 사무실의 경우, 중개업소의 영향력이 도달하는 범위가 비교적 크다. 예를 들어, 하나의 지역 사이트에 인구가 3만 명이고, 10개의 중개사무소가 있고, 30명의 중개업 종사자가 있다고 하자. 1명이 근무하는 부동산사무실, 5명이 근무하는 부동산사무실이 있다고 할 때, 5명이 근무하는 사무실이 광고의 효과, 고객의 관리, 매물의 관리 측면에서 훨씬 유리하다고 할 수 있다. 여러 구성원과 함께 근무하게 되면, 서로의 기술을 빌려서 활용할 수도 있고, 배울 수 있게 되는 기회가 된다. 혼자서 할 수 없는 일들을 동료와 협업하게 되면서 성취감을 얻을 수도 있다.

원·투룸, 아파트, 상가, 지역의 토지 등의 일반적인 매물을 취급하는 부동산중개업소에서는 중형 사무실의 규모로 분야별 실력자들이 모이게 되면 파급력이 상당히 크다. 자신에게 부족한 전문성을 보충해주고, 전문가의 힘을 빌려서 사용하기 쉬워진다. 고객의 모집이 대표 혼자가 아닌 팀원들로부터 다양하게 모집되기 때문에 쉼 없이 사무실이 운영되고 미팅이 이어질 수 있다.

이렇게 중형 사무실을 잘 유지한다면, 직장생활의 장점과 개인사업의 장점을 적절히 효과적으로 누릴 수 있다. 하지만, 중형 사무실의 경우 한 직원이 수년간 근무하는 경우는 많지 않다. 중개업의 특성상 자격증만 있다면, 누구나 쉽게 개설할 수 있고, 비용이 많이 들지 않는다. 개인의 성과를 회사와 나누는 시스템이 기본 바탕이 되기에, 회사로부터 얻을 수 있는 이익이 없다면, 회사를 버리고 새로운 회사를 차리는 것은 당연한 과정이다.

이러한 과정이 되풀이되기에, 중형 사무실의 대표는 자신의 노하우를 직원에게 알려주는 것을 조심스러워하는 경향도 있다. 대표가 자신의 노하우를 직원에게 잘 알려주지 않으면, 직원의 성과가 미흡해서 중개업을 그만두게 된다. 반대로 대표가 자신의 노하우를 직원에게 너무 잘 알려주면, 직원은 일찍 독립하여, 자신의 경쟁업체 대표가 되는 상황이 생긴다.

대형 사무실의 경우, 서울을 비롯한 광역시, 대도시에서 운영되는 형태이다. 개인사업자보다 법인사업자 형태로 영업하는 경우가 많다. 30~40평 넓은 사무실에 10명 이상의 소속공인중개사와 중개보조원이 근무하는 경우가 많다. 운영방식은 중형 사무실과 크게 다르지 않다. 다만, 영업력과 관리력의 도달 범위가 중형 사무실보다 크고 조직화될 수 있기에 인구와 상업시설이 밀집된 지역에서 효과적인 영업방식이다.

대형 사무실은 중, 소형 사무실보다, 고객이 갖는 전문성과 신뢰성이 높아진다. 쉽게 말해 규모를 통한 상표 인지도가 형성된다. 이러한 상표 인지도는 부동산의 투자자문, 건물관리, 큰 규모 거래의 의뢰 등 여러 분야에서 효과를 발휘한다.

반대로, 대형 사무실이라고 할지라도, 클라이언트를 관리하는 담당자는 결국 개인인 공인중개사 또는 중개보조원이다. 개인의 역량이 서비스의 수준이 된다. 고객은 높은 수준의 서비스를 얻기 위해 대형 사무실을 찾아왔지만, 실상은 중형 사무실과 큰 차이가 없는 경우도 많다. 경험이 부족한 직원들은 특정 고객의 독특한 요구나 새로운 상황에 적절한 대응을 못하는 경우도 더러 있다.

중형 사무실은 대표를 중심으로 팀워크를 발휘한다면, 10인 이상이 근무하는 대형 사무실은 개인의 영역을 철저하게 보장하고, 협업보다는 개인의 업무성과를 강조한다. 대형 사무실도 팀워크가 있지만, 팀장이 발휘하는 지도력과 중형 사무실의 대표가 발휘하는 지도력에는 차이가 있다. 중형 사무실의 경우, 대표가 팀원의 비전, 교육, 계약 등 모든 영역을 관리하고 있다면, 대형 사무실의 경우 대표는 회사의 비전을, 팀장은 팀원의 교육과 계약을 담당한다. 팀장 역시, 자신의 계약에도 집중해야 하기 때문에 단순히 팀원의 역량을 후원할 수만은 없다.

첫 창업을 고려한다면 **중형 사무실로 출발해보라고 권하고 싶다.** 부담스러운 월세와 관리비의 차이는 50~150만 원이다. 1년이면 1,800만 원이다. 2년이면 3,600만 원이다. 2년이라는 시간 동안

3,600만 원의 두 배 이상을 벌게 해줄 가능성을 충분히 가지고 있고, 그보다 더 큰 성장 가능성을 열어준다. 위험을 피하고자, 혼자서 작은 사무실에서 시작하는 것은 자칫 성장을 가로막고 고립되는 현상을 가져올 수 있다.

05
법인과 개인, 일반과 간이

중개사무소를 창업하면서, "법인으로 할 것인가? 개인으로 할 것인가?"에 대한 고민이 많다. 이 부분에 대해서 완벽하게 정리하고 임대차 계약으로 넘어가자. 임대차 계약을 하기 전 법인으로 운영할 것인지, 개인으로 운영할 것인지 정해야 하기 때문이다. 그리고 사업자등록을 할 때도 일반과세사업자를 선택할 것인지, 간이과세사업자를 선택할지도 고민해야 한다. 법인의 경우 모두 일반과세사업자이기 때문에 선택의 여지가 없다. 개인사업자면 일반과세와 간이과세 둘 중 하나를 선택해야 한다.

우선, 하는 일과 일하는 방법은 똑같다. 다르지 않다. 업무수행 방식의 차이는 존재하지 않는다. 다만 중개법인의 경우 겸업 제한이 있다. 반면, 개인은 겸업 제한이 없다. 중개법인의 겸업 제한을 두는 이유는 여러 가지 설이 있다. 외국 대형 부동산 회사들이 무분별하게 우리나라에 진출하는 것을 막기 위함이라고 하는 설이 있다.

겸업 제한이 없는 경우, 외국의 부동산 회사들이 자유롭게 우리나라에서 중개활동을 할 수 있는 상황이 생기고, 이러한 상황을 막기 위해 법인인 개업공인중개사는 중개업과 이와 관련된 업무만을 하도록 규정하고 있다는 설이 지배적이다.

공인중개사법 제14조(개업공인중개사의 겸업 제한 등)

① 법인인 개업공인중개사는 다른 법률에 규정된 경우를 제외하고는 중개업 및 다음 각 호에 규정된 업무와 제2항에 규정된 업무 외에 다른 업무를 함께할 수 없다.
1. 상업용 건축물 및 주택의 임대관리 등 부동산의 관리대행
2. 부동산의 이용·개발 및 거래에 관한 상담
3. 개업공인중개사를 대상으로 한 중개업의 경영기법 및 경영정보의 제공
4. 상업용 건축물 및 주택의 분양대행
5. 그 밖에 중개업에 부수되는 업무로서 대통령령으로 정하는 업무
   (도배·이사업체의 소개 등 부수되는 용역의 알선 - 대통령령)

②, ③ 경매 공매의 권리분석 매수신청 대리

한 가지, 착각하지 말자! **중개법인의 겸업 제한은 법인에 제한된 것이지, 구성원들에게 제한되는 것은 아니다.** 중개법인의 대표 또는 임원, 직원들이 중개법인에 근무하면서, 다른 회사의 직원이 되거나 투잡, 아르바이트를 하는 것은 전혀 문제가 되지 않는다. 반대로 지금 직장에 그대로 근무하면서 중개법인을 설립하고 개설 등록하는 데 아무런 문제가 되지 않는다. 창업자들과 상담을 하다 보면, 중개법인을 운영하면 겸업을 못한다고 걱정하시는 분들도 있었다. 법을 적용하는 습관이 들지 않아서일 것이다. 차근차근, 조곤조곤, 곱씹어서 적용하면 훨씬 수월해질 것이다.

이제는 중개법인의 정확한 정체를 알아보자. 중개법인은 단순한 상법상의 회사이다. 주식회사, 유한회사, 합명회사 모두 가능하다. 협동조합 기본법의 협동조합도 가능하다. 자본금이 5천만 원 이상이어야 하고, 대표자는 공인중개사이어야 한다. 대표자를 제외한 임원의 3분의 1 이상이 공인중개사이어야 한다. 공인중개법 제14조에 규정된 업무만을 영위할 목적으로 설립된 법인이어야 개설등록이 가능하다. 즉, 법인으로 중개업 개설등록을 하기 위해서는 중개업만 한다고 명시되어 있어야 개설등록이 가능하다.

예전에는 중개법인을 운영하기 위해서는 공인중개사 2명 이상 필요했었다. 구 상법에서는 이사 3인과 감사 1인을 반드시 두도록 하였으나, 현행법상에서는 이사는 1인 이상, 감사는 필수기관이 아닌 임의 선택기관으로 변경되었다. **법 규정상 1인 법인이 가능하므로 공인중개사 단독**으로 설립·운영할 수 있다. 명칭 역시, 과거에는 "중개법인"이라는 명칭을 법률에서 사용했다면, 지금은 개인인 개업공인중개사와 법인인 개업공인중개사로 부르고 있다. 법인으로 중개업을 영위했을 때의 장단점을 짚어보며 개인과 법인인 개업공인중개사를 비교해 보자.

중개법인을 운영했을 때 가장 큰 장점은 저렴한 소득세율이다. 2억 이하의 소득에 대하여 9%의 법인세만 내게 된다. 반대로, 개인은 1억 원의 소득이 발생했다고 가정할 때 약 20%에 해당하는 세금을 내야한다. 1억의 소득이 발생한 경우, 법인사업자는 990만 원, 개인사업자는 2,200만 원의 소득세를 내야 하는 셈이다.

하지만 여기서 주의해야 할 것은, 법인세를 내고 법인이 가지고 있는 돈이 법인 대표의 돈은 아니라는 것이다. 다시 말해, 법인의 대표가 법인으로부터 급여를 받으면서 다시 세금을 낸다. 이 부분을 조금 더 깊이 알아보고 다음으로 넘어가자.

법인에서 발생한 1억이라는 소득을 법인의 대표가 1년 동안 급여로 받을 경우, 법인의 소득은 0원이 되어, 법인세를 부담하지 않지만, 법인의 대표는 급여를 받을 때, 회사에서 소득세와 지방세를 원천징수하고, 4대 보험비용을 공제하고 급여를 받는다. 대략, 대표의 연봉 9,300만 원이라고 했을 때 12개월로 나누게 되면 월 급여는 대략 775만 원이다. 실제로는 매월 약 619만 원을 받고, 회사는 92만 원을 근로소득 세액으로 원천징수하게 된다. 그리고 약 64만 원의 4대 보험비용을 부담하게 된다. 이 경우 회사도 약 64만 원의 4대 보험비용을 부담해야 한다. 4대 보험 중 국민연금으로 납부되는 금액이 있으므로 모두 지출성 비용이라고 보기는 어렵다.

물론 근로소득으로 세금을 냈지만, 다음 해 연말정산으로 세금을 더 거둬야 할지, 조금 돌려줄지는 따로 결정해야 한다. 결국, 1억이라는 소득으로 약 **7,428만 원**의 급여를 받은 셈. 법인에서 추가로 부담하게 되는 4대 보험비용도 연간 768만 원가량 발생하게 된다. 회사에서 부담해야 할 4대 보험료가 있으므로 소득 1억 법인의 대표에게 9,300만 원의 연봉을 지급한 것.

개인사업자의 경우, 소득이 1억일 때, 2,200만 원의 세금을 내고 7,800만 원의 수입이 생긴다. 의료보험에 있어서, 직장가입자가 아니므로, 지역가입자로 분류가 된다. 사업소득이 연 1억 원 정도이고, 주택과 같은 자산을 3억 정도 보유하고 있다고 가정했을 때, 매월 내는 지역보험료는 약 85만 원 내외로, 연간 1천만 원 정도의 지역보험료를 부담하게 된다. 이렇게 보았을 때 개인사업자는 약 **6,800만 원**의 수익이 생기게 된다.

1억 원의 소득을 놓고 비교했을 때는 법인이 개인보다 확실히 유리해 보인다. 만약 법인의 대표가 연말정산 결과 600만 원 정도의 세금을 더 부담해야 한다면, 비슷한 규모의 실제 수익이 발생한 셈이다. 개인적으로 볼 때, 1억의 소득이라면 개인과 법인의 실제 운영수익에는 큰 차이가 없는 것으로 느껴진다. 다만 1억을 초과하는 수익이 발생한다면, 2억 이상의 매출이 발생한다면, 자연스럽게 중개법인의 운영형태를 선택하는 것이 좋다고 판단된다. 회사에 잉여금 축적을 통해 대표는 꾸준히 급여를 받을 수 있고, 회사의 성장을 위해서 과감히 재투자할 수 있다.

다시 중개법인의 장점을 알아보자. 중개법인의 장점은 기업의 이미지 상승 및 신뢰도 향상, 분사무소의 설치 가능 등을 들 수 있다. 우리나라에서는 개인사업자보다 법인사업자의 규모를 조금 더 크게 인식하는 경향이 있다. 또 법인사업체를 유지하는 데 필요한 조건들이 검증되었다고 생각한다.

특히 거래 상대방이 회사와 같은 법인일 경우 개인중개사무소보다 법인중개업자를 선호는 경우가 있다. 상업용 부동산의 경우 개인사업자와 거래하는 것보다 법인사업자와 거래하는 것을 선호한다. 중개사무소에 근무하는 직원들도 개인사업자 소속보다는 법인사업자 소속이라는 점을 더 중요하게 생각한다.

또 다른 장점은 분사무소의 설치가 가능하다. 하지만 이 역시, 분사무소의 책임자로 공인중개사가 있어야 하고, 그 공인중개사를 중심으로 운영되는 사업체가 된다. 분사무소의 설치 역시, 관할관청에 1개소이므로 강남구에 10개의 분사무소를 둘 수 없으므로 분사무소를 운영하는 부분의 한계도 분명 존재한다.

개인중개업체의 장점은 설립등기가 필요 없고, 개설등록과 사업자등록만으로 영업할 수 있다. 기업 설립이 쉽다. 기업의 수익을 전부 대표가 관리하기 때문에 자금운영이 쉽다. 기업활동이 자유롭고 편리하다. 한편, 중개법인의 경우 자본금 5,000만 원에 해당하는 등록면허세와 지방교육세, 법원수수료로 약 27만 원 정도 지출이 되고, 업무대행을 의뢰할 경우 20~30만 원이 추가로 발생한다.

중개법인의 가장 불편한 점은 자금운영의 경직성이다. 열심히 회사를 운영하며 2억의 수익이 발생했고, 좋은 투자처가 생겨서 2억을 활용하고 싶지만, 법인 돈은 법인 돈이고, 대표의 돈은 대표의 돈이다. 물론, 대표자의 가지급금으로 빌려서 사용할 수는 있지만, 다시 법인에 갚아야 하는 돈이다. 법인에 이자를 지급해야 한다. 법인의 대표가 가지급금에 대한 인정이자 4.6%를 법인에 내지 않는다면, 대표의 상여로 처리되어 소득세와 4대 보험료를 추가로 내야 한다.

개인적으로 추천하는 창업과정은 개인중개업체로 1~2년 사업경력을 쌓은 후에 중개법인으로 전환하는 과정을 추천한다. 개인중개업체를 운영해도 간이과세와 일반과세를 선택할 수 있는데, 우선 일반과세를 선택하기를 권장한다. 간이과세의 경우, 1년에 1회 간편장부로 부가가치세를 신고한다. 일반과세의 경우 1년 2회 1월, 7월 부가가치세 신고한다. 간이과세의 경우 1년 1회 신고의 편리성이 있지만, 부가세를 환급받는 데 불리한 점이 많다.

간이과세의 적용을 받을 경우, 고객에게 부가세 10%를 더 받는 것이 아닌, **부가가치율에 따른 4%의 부가세 해당하는 금액**을 받을 수 있어서, 실제 수입 측면에서는 일반과세와 차이가 없다. 일반과세자의 경우 고객에게 부가세를 받고 낼 때, 내가 낸 납부세액을 공제하거나, 환급받을 수 있는 장점이 있다. **간이과세의 경우 부가가치세를 환급받을 수 없고, 공제되는 범위도 매우 제한적이다.**

사업자인 고객의 관점에서 보자. 일반과세 중개업소에서 100만 원의 중개보수와 부가세 10만 원을 내면, 10만 원을 환급 또는 공제받을 수 있다. 간이과세 중개업소에서는 104만 원의 중개보수를 내는 것이고, 부가세를 내지 않았기 때문에 환급이나 공제를 받을 수 없게 된다. 결과적으로 간이과세사업자인 중개업소에서는 비사업자인 개인 고객은 6% 정도의 비용을 절약할 수 있고, 사업자 고객은 4% 정도의 비용 부담이 생기는 결과로 요약할 수 있다.

나의 관점에서 보자. 일반과세자인 경우 110만 원을 받고, 100만 원은 수익이 되고, 10만 원은 부가세로 납부한다. 간이과세자인 경우 104만 원을 받고, 100만 원은 수익이 되고, 4만 원은 부가세로 납부한다. 여기까지 보았을 때, 일반과세와 간이과세의 차이는 없는 것으로 보인다. 하지만, 간이과세자는 부가가치세를 환급받을 수 없고, 공제 역시 극히 제한적이다. 다시 말해, 내가 낸 1년의 임대료가 3,000만 원이고, 부가가치세로 300만 원을 냈다면, 일반과세자는 소비자로부터 받아서 내는 부가가치세에서 300만 원을 공제받는다. 내야 할 부가가치세가 없다면 내가 낸 부가가치세 300만 원을 환급받을 수 있다. 반면 간이과세자의 경우, 환급은 전혀 불가능하고 공제 역시 매우 제한적이다.

중개사무소의 부가세는 고객에게 받아서 내는 것으로, 내가 낸 부가세를 환급받을 수 있는 일반과세사업자를 선택하는 것이 일반적으로 유리하다. 그래야, 내가 사용한 비용의 부가가치세를 환급받을 수 있다. 공인중개사사무소는 현금영수증 의무발행 업종이다. 1원 이상 모든 대금의 수령 후 반드시 현금영수증을 발행하여야 한다. 그러므로 부가가치세를 별도로 받는 **일반과세자가 일반적으로 유리하다.**

구분	법인사업자	개인사업자
과세유형	일반과세	간이과세 일반과세
소득세	법인세(누진적용) • 2억 이하 9% • 2억 초과 200억 이하 19% • 200억 초과 3,000억 이하 21% ※ 법인의 돈을 대표에게 지급할 때 근로소득에 대한 원천징수 및 납부	종합소득세(누진적용) • 1,200만 원 이하 6% • 1,200만 원 초과 4,600만 원 이하 15% • 4,600만 원 초과 8,800만 원 이하 24% • 8,800만 원 초과 1.5억 원 이하 35% • 1.5억 원 초과 3억 원 이하 38% • 3억 원 초과 5억 원 이하 40% • 5억 원 초과 10억 원 이하 42% • 10억 원 초과 45%
지방소득세	소득세의 10%	소득세의 10%

부가가치세 신고납부	1, 4, 7, 10월
	(매출의 10% 중 매입세액 공제)
		• 간이과세 1월, 환급 불가
		  (매출의 4% 중 매입세액 공제)
		• 일반과세 1, 7월
		  (매출의 10% 중 매입세액 공제)

매입세액 공제 가능	• 사업 목적으로 지출한 명세로 적격증빙을 갖추고 공제조건에 해당할 것. • 직원이 있는 사업장에서 쓴 복리후생비, 직원회식비, 업무소모품비, 출장숙박비, 사업장 임차료, 경차, 9인승 이상 승합차, 트럭 화물차의 구매, 입차, 유지	
매입세액 불공제	• 기업업무추진비(접대비), 출장 시 항공, 철도 운임 • 인건비, 공연, 놀이동산, 목욕, 이발, 미용, 성형 • 사업 관련 대출에 대한 금융이자, 국외 사용액 • 비영업용 소형 자동차의 구매, 입차, 유지	

협회 가입비 50만 원을 아끼는 법

한국공인중개사협회에 회원가입을 할 예정이다. 개인회원은 입회비가 50만 원이고, 법인회원은 입회비가 100만 원이다. 바로 법인을 설립하면, 법인회원의 입회비 100만 원을 내야 한다. 개인회원으로 가입 후, 입회비 50만 원을 내고, 개설등록 후 법인으로 전환하게 되면, 입회비 50만 원을 절약할 수 있다. 법인으로 100만 원을 내고 협회에 가입했다고 하더라도 100만 원의 회원자격은 법인격에 부여되는 것이 아니고 법인의 대표자에게 회원의 자격이 부여된다. 즉, 법인의 대표가 교체되면 다시 100만 원을 내고 협회에 가입하여야 한다(협회비 250만 원 낸 나의 경험담).

06

계약부터 인테리어까지

　진짜 시작이다. 사업계획서도 준비했고, 충분한 시장조사도 마쳤다. 사무실 운영에 대한 계획도 준비되었다. 사무실 임대차 계약을 하고 인테리어에 착수하자. 개설등록과 사업자등록의 절차 설명은 생략하고 필요한 부분들만 챙겨보자. 일정을 잘 맞추면 행정업무는 하루만에 끝낼 수 있으니, 등록관청에 먼저 문의하고 행동하면 시간과 노력을 절약할 수 있다. 개설등록에 필요한 실무교육 수료증은 반드시 한두 달 전에 미리 받아놓는 것이 좋다.

　사무실 임대차 계약을 체결했다. 계약금과 중도금, 잔금을 명시했다. 내가 구해야 하는 사무실의 조건은 근린생활시설 또는 업무시설, 판매시설이다. 주택은 불가능하고, 오피스텔은 가능하다. 위반건축물이거나 공용 부분에 위반건축물이 있다면, 등록의 결격사유다. 반드시 건축물대장의 전유부와 표제부를 모두 확인하자.

법인을 설립할 때에는 임대차 계약을 체결하고 법인설립절차를 진행한다. 법인설립등기에 임대차 계약이 필요한 것은 아니다. 하지만, 설립등기에 "본점 주소지"의 정보가 필요한데, 사무실 계약도 하지 않은 상태에서 법인을 설립하게 되면 다시 주소지를 이전해야 하는 등의 번거로움이 있기 때문에 임대차 계약을 체결하면서, 법인설립등기를 착수한다. 그래서, 임대차계약체결 시의 임차인은 "법인의 대표자"가 되고, 법인의 설립이 완료되면 임차인은 "법인"으로 변경되어야 한다. 임대차 계약서에는 다음과 같은 특약이 필요하다.

> **임차인의 법인설립에 필요한 임차인 명의변경 특약**
> "임차인 홍길동은 법인설립등기 진행 중인 대표자로서, 법인설립등기가 완료되면 임차인을 법인 명의로 변경하는 데 동의함"

법인 설립이 완료되면, 임대인과 다시 만나 임대차 계약서에 다시 날인하고, 개설등록을 진행하게 된다. 일반적인 사업의 경우, 임대차 계약서를 가지고 바로 사업자등록을 할 수 있지만, 부동산중개의 경우 등록관청의 등록증이 있어야 하므로, 반드시 등록관청에서 등록증을 받은 후, 사업자등록을 하자. 15평 부동산사무실의 인테리어라고 가정했을 때, 적어도 1주일, 보통 2~3주의 시간이 걸린다. 부동산사무실의 인테리어는 간단하게 하려면 한없이 간단하고, 제대로 하려면 꼼꼼하게 챙겨야 할 것들이 많다. 인테리어 업자에게 맡기더라도 공종별 세부적인 비용, 재료비와 노무비를 명시한 견적서를 달라고 요청하면, 금액의 협상에 유리할 것이다. 전체의 단가가 크지 않기 때문에 적극적으로 견적을 하려는 인테리어 업자가 많지 않을 수 있다. 인테리어 사장한테 "알아서 견적 주시오." 하는 것보다는 견적 보러 왔을 때, 붙잡아 놓고 하나하나 물어보는 자세가 필요하다.

⟨15평 부동산사무소 창업 예상비용⟩

구분		사양	단가	가격	비고
인테리어	바닥	데코타일	50,000	950,000원	자재비, 인건비
	도배	실크	15평	1,200,000원	천장 포함
	목공	천장, 가벽, 루바	15평	8,000,000원	
	탕비실	소형 싱크대	1식	1,000,000원	온수기, 설비 포함
	전기통신	15평 기준	1식	1,500,000원	차단기, 간판 타이머
	조명	등기구	1식	1,300,000원	LED 및 스위치
소계				13,950,000원	
간판	간판	1×4m	1식	4,000,000원	스카이차 포함
	선팅	전면 측면	1식	1,000,000원	
소계				5,000,000원	
집기비품	사무용 책상	책상 및 의자 (1)	5set	1,500,000원	
	가구	테이블 및 의자 (4)	2set	1,200,000원	
	PC	모니터 포함	5set	5,000,000원	
	복합기	삼성	1ea	2,000,000원	
	냉난방기	LG	1ea	2,500,000원	설치비 포함
	냉장고	대우	1ea	500,000원	
소계				12,700,000원	
합계				약 3,200만 원	

바닥은 주로 데코타일, 디럭스타일 또는 투명 에폭시를 사용한다. 가성비 품목이다. 고급스러운 분위기를 내기 위해서는 포세린 타일을 사용하기도 한다. 포세린 타일과 투명 에폭시의 경우 비가 오는 날 바닥이 젖으면 미끄러지는 경우가 있으니 주의할 필요가 있다.

천장과 가벽을 수선하기 위해서는 목공작업이 필요하다. 목공작업을 수반하게 되면, 내부 환경이 전체적으로 바뀌게 된다. 큰 공사이다. 가벽 설치에 필요한 목공사를 없애기 위해 파티션을 주문하여 사용한 적도 있다. 상담실은 외부로부터 완전히 차단될 필요도 있지만, 파티션으로 구분되어 있다면 실제 사용에 큰 지장은 없었다. 비밀 얘기를 많이 할 것 같지만, 진짜 비밀 얘기는 사무실 밖에서 이루어진다.

탕비실에는 온수기를 설치하였다. 작은 용량의 전기온수기를 사용했을 때, 손을 씻기가 편리해서 활용도가 좋았다. 조명의 경우 밝은 조명을 선호해서 되도록 최대한 많은 조명을 설치했고, 구역별로 나눠서 조명을 통제할 수 있도록 설치했다.

간판이 의외로 지출이 큰 품목이다. 특히 LED 간판의 비용이 크다. 크게 눈에 잘 띄는 것이 중요하다고 생각해서 최대한 크게 하는 경향이 있다. 반대로 전면 간판을 간소화하고 광고비의 지출을 늘려도 좋을 것 같다는 생각이 든다.

　나의 경우 세 번은 업체 인테리어를 맡겼고, 두 번은 셀프 인테리어를 하며 공종별로 외주를 주었다. 고급스러운 분위기를 연출한 비싼 인테리어를 한 적은 없었다. 딱 사무실 느낌의 인테리어만 경험해 보았다. 고급스러운 사무실의 장점도 있겠지만, 심플한 인테리어로도 큰 불편함 없이 많은 일을 할 수 있었다. 벽면은 도배 대신 블라인드 출력물을 잘라서 액자 몰딩을 둘렀다. 바닥에 전기 콘센트가 노출되어 항상 위험하고 불편하였다. 인테리어를 맡기고 감시를 안 하면 이런 일이 발생한다.

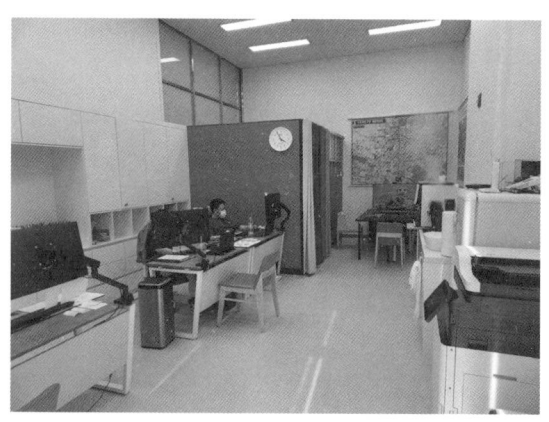

옷장과 싱크대만 외주를 맡겼다. 바닥은 디럭스타일, 가벽과 전기, 통신공사는 직접 했다.

노후되어 정리가 안 되는 바닥에는 카펫을 까는 것도 좋은 방법이다. 물론 바닥도 직접 깔았다. 설치와 시공이 편리했다. 부분 인테리어를 직접 하는 것은 권장하지만, 반대로 비효율적인 부분이 있는 것도 알았으면 한다. 전문가에게 맡기는 것이 효율적일 때가 많다.

| 제3장 |

업무개시

01

블로그, 하루에 몇 콜

드디어 사무실 인테리어를 마치고, 개설등록을 마치고, 사업자등록을 마치고 사무실 한쪽 벽면에 자격증과 게시물을 걸었다. 멋있는 간판이 걸려 있고, 예쁜 명함이 내 손에 쥐어졌다. 시작이 반이다. 이미 절반의 성공은 이루었다. 나머지 절반의 성공은 하루하루 채워나가자.

나머지 절반의 성공을 하루하루 채워나가는 데 **꼭 필요한 것은 "블로그 포스팅"이다. 확실하게 조언한다.** 나는 2014년부터 블로그 포스팅을 해왔다. 처음 몇 달은 콜이 없었지만, 두 달 정도의 포스팅이 쌓이자, 전화통에 불이 날 정도로 많은 전화가 왔다. 하루를 마치며 휴대전화의 통화기록을 살펴보면 수십 건이 넘는 통화기록이 즐비했다.

종일 통화를 하며 손님을 만나러 다녔다. 손님과 현장 미팅 중에 다른 손님께 전화가 온다. 어제 보고 가신 집인데, 오늘 다른 손님과 함께 보고 있다고 말씀드린다. 사실이니까. 이 집 아니어도 공실이 있는 건 나도 알고 손님도 안다. 하지만 조건에 맞는 좋은 집은 이 집이니까, 계약을 서둘러야 한다. 오늘 내로 내가 계약한다.

방구대장 정 소장이 계약을 많이 한다는 소문이 나자, 여기저기의 건물주들이 나를 찾아와 공실을 빼달라고 얘기한다. 건물관리 업체에서 찾아와 급한 물건의 해결을 부탁한다. 나는 소공으로 취업한 지 3개월차밖에 되지 않는 중개사였다. **내가 이렇게 급성장하게 된 이유는 바로 블로그였다.** 블로그가 유일한 광고였고, 블로그에 꾸준히 작성한 글들이 **쌓이고 쌓여 고객들에게 신뢰**를 얻게 되었다.

누군가는 이렇게 이야기할 수도 있다. 블로그가 유행했던 초창기였기에 가능했던 것 아니요? 절대 아니다. 당시 10개의 부동산이 있었다면, 8개 부동산에서 블로그를 운영했다. 지금도 마찬가지다. 100개의 부동산이 있다면 80개의 부동산에서 블로그를 운영할 것이다. 블로그를 운영하는 80개의 부동산 중에서 10곳은 틀림없이 블로그 광고로 꾸준히 고객을 유치하고 계약을 성사시킨다고 장담할 수 있다.

다른 사무실들 모두 방구대장 블로그를 따라 하려고 했다. 하지만, 따라 하는 게 쉽지 않다. 정확하게 따라 할 수 있다면 그것도 실력이라 인정한다. 내가 화성에서 중개업소를 운영할 때에도 나는 40~50억 상업용지도 블로그 포스팅을 통해서 매매하였다. 대치동에서 중개업소를 개설하면서 가장 먼저 점검한 것은 블로그 포스팅을 한 이후 고객의 반응이었다. 블로그 포스팅을 게시하고 며칠 지나지 않아 일정하게 전화문의가 들어오는 것을 확인하고, 시장에 대해 확신했다.

"블로그 포스팅" 매일 꾸준히, 성실하게 잘한 사람은 최소 하루에 3콜 이상 받는다는 것이 나의 확실한 경험과 신념이다. 실제로 나의 경험도 그랬고, 내가 운영하는 중개업소의 직원들 역시 꾸준한 콜을 받았다. 하루에 3콜 이상 받게 되면, 그중 한 건 정도는 현장 미팅과 연결된다. 하루에 현장 미팅을 1건 이상하게 된다는 뜻이다.

현장 미팅을 한 번만 하는 경우가 있던가? 두 번, 세 번 보기도 한다. 이렇게 되면, 하루에 1~3건의 현장 미팅을 진행하는 경우가 많다. 경험해본 사람은 알 것이다. 하루에 현장 미팅 2건 이상 하기는 쉽지 않다. 횟수를 만들기도 쉽지 않고, 담당자의 안내에 필요한 체력적인 요소도 쉽지 않다. 현장안내로 하루를 보낼 경우 매물정리, 사진촬영, 다음 포스팅 등의 할 일이 많이 쌓여 있게 된다.

다른 광고들(네이버, 직장, 다방 등)은 정해진 양식과 규격이 있다. 이것 때문에 광고 플랫폼을 선호하는 사람들이 있다. 반면 블로그는 양식과 규격이 정해지지 않았다. 자유롭게 펼칠 수 있는 공간이다. 구석구석 친절한 설명도 가능하고, 설명과 함께 사진을 보다 보면 마치 중개사와 함께 현장을 보고 있는 듯한 느낌을 받을 때도 있다.

이러한 경험은 현장에서 매우 좋은 효과를 발휘한다. 광고 플랫폼을 보고 방문한 고객이라면, 현장에서 자세한 설명을 다시 해줘야 한다. 블로그의 글을 보고 온 고객이라면, 이미 블로그를 통해서 한번 설명을 보고 왔기 때문에 간단한 설명만으로도 쉽게 이해하게 된다.

블로그가 나를 대신해서 충분히 설명해준 셈이다.

　다른 플랫폼의 경우, 시간이 지나면 광고 글들이 삭제된다. 블로그는 그렇지 않다. 한 지역에서 1년 이상 꾸준히 영업하면서 영업에 필요한 자료들이 블로그로 쌓인다. 그 자체로 신뢰를 얻을 수 있는 중개사가 된다. 고객을 만나서 설명해야 할 내용을 미리 블로그 링크로 고객에게 보낼 수 있다. 계약체결 시 주의사항, 준비물, 계약체결 이후에 해야 할 것들, 고객이 궁금한 모든 정보를 내 블로그를 통해 고객에게 전달하는 편리함이 있다.

　블로그는 광고비 지출이 없다. 대신 나의 노력과 시간이 투입된다. 블로그를 제대로 운영하지 않는 중개업자들은, 요즘 블로그 글들이 노출이 안 된다는 핑계를 댄다. 블로그 글을 언제 쓰고 있냐고 물어본다. 손님들이 네이버, 직방, 다방을 선호한다고 이야기한다. 나는 손님께 다시 물어본다. 어떻게 오셨냐고, 손님은 플랫폼 보다가 답답해서 계속 찾아보다 보니 블로그를 보게 되었다고 말씀하신다.

　직방, 다방을 선호하는 것은 맞나 보다. 하지만 광고 플랫폼이 시장을 전부 가져갈 수는 없다. 손님들도 플랫폼에서 미끼매물, 허위매물 등의 불편함을 이미 알고 있다. 블로그는 내가 직접 발로 뛴 결과물이라 허위매물이 생길 수 없다. 블로그라는 수단을 통해서 고객과 먼저 교류할 수 있고, 면밀한 교감을 얻을 수 있다. 광고 플랫폼을 통한 고객의 유입보다 계약의 성사 확률이 훨씬 높아진다.

　블로그 글을 쓰는 가장 큰 이유를 모객이라고 생각하는 사람들이 많다. 모객이 틀린 말은 아니지만, 단순히 모객에서 끝난다고 생각하면 큰 오산이다. 모객을 아무리 잘해도 계약을 못하면 십 원도 벌 수 없다. 모객을 위해서 블로그를 매일 매일 올리는 행위로 끝이 나면 안 된다. 단순히 매일 포스팅을 통해서 내 글이 노출된다고 고객에게 전화가 오지 않는다. 어떻게 해야 전화가 올까? 고객에게 눈에 꽂히는 사진과 글이 필요하다. 고객이 듣고 싶은 부분을 짚어주며 전화를 하도록 만들어야 한다. **블로그를 통해 얻을 수 있는 가장 큰 효과는 데이터와 신뢰의 누적**이다.

고객이 듣고 싶은 부분은 무엇일까? 우리가 일상적으로 고객상담을 하면서 계속 들었던 말이다. 전세 같은 경우 안전한 집이냐, 결로나 곰팡이가 없냐, 환기 잘 되냐, 집주인 좋냐, 층간소음 심하냐, 반려동물 가능하냐, 이런 내용이다. 다들 자신들은 이런 내용을 포함해 포스팅한다고 한다. 그런데 고객에게 전화가 오지 않는 이유는 무엇인가? 고객에게 전달이 안 된다. 사진과 글이 뒤섞여 고객에게 전달되지 않는다. 글의 전개와 적절한 사진, 충실하고 정확한 임팩트 있는 설명, 요점정리와 **전달을 위한 훈련**이 필요하다.

하나의 블로그 글을 읽고 이 사람 뭐지? 그 다음 뭐지? 계약할 때 어떻게 해야 하지? 방 구할 때 뭐부터 해야 하지? 기본적인 호기심부터, 업무적인 궁금증까지 타고 이어질 수 있도록 **구조화**가 되어야 한다. 누적된 블로그 글 하나에서 모객의 첫 단계가 시작된다. 고객은 구조화된 틀 안에서 새로운 정보를 찾아간다. 내가 쓴 글과 정보들이 고객에게 필요한 정보와 부합되면서, 정보의 전달에 가속도가 붙는다. 다른 호기심이 등장할 때, 이어지는 데이터가 호기심을 충족시켜 주면, 신뢰가 쌓인다.

　블로그를 모르는 사람은 블로그는 배울 필요 없다고 얘기한다. 꾸준히만 하면 된다고 얘기한다. 절반은 맞고 절반은 틀린 얘기다. 꾸준히 하면 되는 것은 맞다. 하지만, 배워야 한다. 중요한 것은 배움에 그치지 않아야 한다. 고객에게 어떤 정보를 전달할지, 어떻게 전달할지, 어떻게 구조화하고, 어떻게 쌓아 올라가는지 제대로 접근해야 한다. 완벽하지 않아도 좋다, 큰 그림을 가지고 꾸준히 밑그림부터 구석구석 색칠해간다. 조금 잘못 그려진 부분이 발견되면 덧칠하면 된다. 블로그 하나로 중개업을 아주 여유롭고 풍요롭게 만들어갈 수 있다.

02
물건을 접수하고 관리하는 노하우

　사무실을 오픈하고 나니, 워킹 손님의 방문이 시작되었다. 요즘 같은 비수기에는 매도가 절실한 건물주들이 많다. 물건을 어떻게 접수하고, 물건관리, 고객관리를 어떻게 하는지 하나씩 짚어보자.

　손님이 오면 반갑다. 그렇다고, 처음부터 과잉 친절할 필요 없다. 내가 바쁠 때 손님이 오면 귀찮을 때도 있다. 그렇다고 손님을 홀대할 수는 없다(실제로 매일 오는 건물주도 더러 있다). 적절한 거리와 호흡을 유지하면서 손님을 대하는 자세가 필요하다.
　방문 또는 전화로 매물을 의뢰하는 고객과 대화를 나눈다. 매물장을 펼쳐놓고 차근차근 하나씩 물어보자. 몇몇 의뢰인은 본인이 필요한 말을 두서없이 던지고 가는 경우가 있다. 몇몇 공인중개사는 책상에 앉아 있고, 손님은 문 앞에서 매물내용을 불러주기도 한다. 임대인이 작은 쪽지 하나만 주고 휙 나가는 경우도 있다. 반드시 테이블에 같이 앉아서 **눈을 마주치고 이야기를 들어야 한다.** 매물장에 필요한 내용을 적으면서 눈을 마주치자. 눈도장은 한번 찍어야 다음 업무가 수월하다. 나에게 물건을 의뢰한 손님을 대하는 기본적인 업무방식이 되어야 한다.

물건을 접수할 때의 기본은 필요한 내용을 전부 수집하는 것이다. 전화하거나 대면접수를 할 때 **규격화된 매물장과 수첩을 사용**하면 빠짐없이 정리할 수 있다.

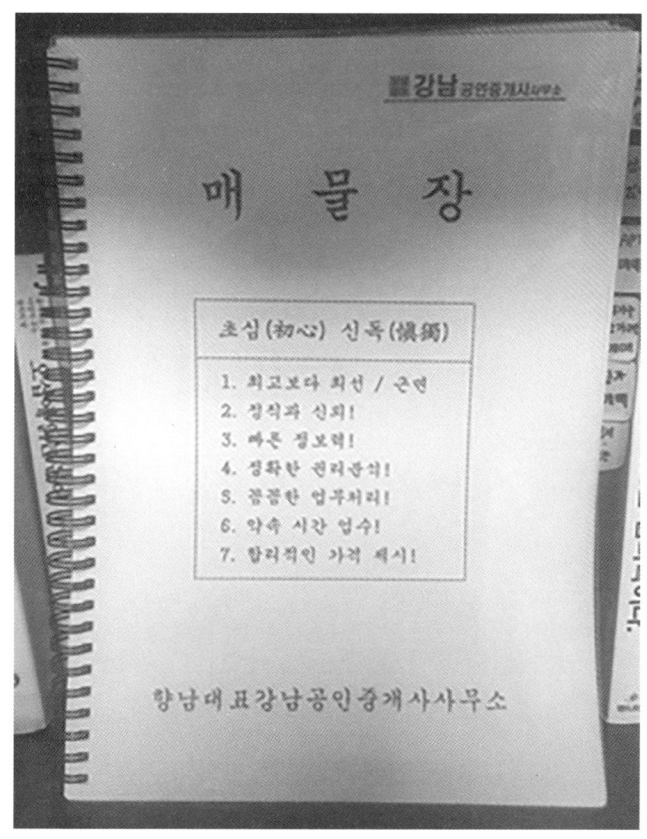

<실제 만들어서 사용한 매물장>

강남부동산 중개법인	
No.　　　　　　2019년　월　일	담당자 :
지 번	현장방문 :
건물명 / 동 · 호	
보증금 / 차임 · 관리비	
융자 및 선순위 권리 / 권리 및 시설상태	
입주일 / 이사예정일	분 석
성 함 / 연락처1 (건물주)	
성 함 / 연락처2 (임차인)	

<매물장의 양식>

특히 주의해야 할 한 가지! 매도 물건을 접수할 때 가격을 제시하지 않는 것이 좋다. 제시하더라도 **실거래가 수준의 기본정보**를 알려주는 것이 좋다. **실제 거래량**은 어느 정도인지, 시장의 **매물의 범위와 수량**은 어느 정도인지 설명한다. 굳이 매도인이 "얼마에 팔아야 팔립니까?"라고 물어본다면, 매도인이 **서운해하지 않을 가격을** 얘기해야 한다. 매도 의뢰인은 공인중개사가 비싼 가격에 팔아주기를 기대하고 전화를 한다. 공인중개사들은 물건을 접수하면서, **거래의 성사를 위해 가격을 누르려고 한다. 여기에서 엇박자가 발생한다.** 공인중개사는 거짓말쟁이가 되는 것이 싫다. 그래서 처음부터 현실적인 거래 가

능 금액을 제시하는 경우가 많다. 매도인은 서운한 매도 예상가를 듣고 그 공인중개사를 멀리하게 된다.

책상 모서리, 회의 테이블 모서리에 원·투룸 시세표, 단지별 평형별 시세표를 코팅해서 붙여놓는 것은 매우 좋은 방법이다. 코팅해서 붙여놓으면, 최근 실거래가를 썼다 지웠다 하며 업데이트를 할 수 있다. 전화통화를 하면서, 상담하면서 즉각적인 참고가 된다. 그렇다고, 시세보다 높게 팔아주겠다고 확언하듯 물건을 접수해서는 안 된다. 매도인이 당신에게만 믿고 맡기겠으니 비싸게 팔아주시라고 확언하더라도 큰 의미를 두지 말자. 내가 상품을 기획하는 경우가 아닌 이상, 시장가에 크게 벗어나는 거래의 성사는 어렵다.

전속 중개계약서를 작성하고, 매물의 가치제고, 마케팅과 광고계획 수립, 판매방안 등 구체적인 목표를 두고 업무수행을 하는 경우가 아니기 때문이다.

물건을 접수할 때, **반드시 현장확인을 하겠다는 약속**을 잡아야 한다. 누누이 말했지만, 부동산을 눈으로 확인하지 않고 팔 수는 없는 노릇이다. 사진촬영 및 광고, 블로그 포스팅에 관한 내용을 미리 알린다. 손님이 없더라도 미리 의뢰인과 현장에서 대화를 나눠야 한다. 중개사는 의뢰인의 처지를 이해할 수 있고, 의뢰인은 중개사의 중개행위를 신뢰할 수 있다. 이러한 과정에서 가격의 협상요소들을 미리 만들 수 있다. **현장을 방문해보고, 다른 매물보다 좋은 장점을 갖추고 있을 때 시세보다 좋은 가격으로 매매를 추진해보겠다고 얘기할 수**

있는 것이다.

현장을 방문했다면, 매물의 특성과 장단점 등에 대해서 꼼꼼히 파악하자. 매물에 대해서 가장 정확하게 잘 알고 있는 사람은 매도인이다. **가능한 매도인에게 많은 것을 물어보라.** 현장에 방문하면서 건축물대장은 꼭 가지고 가라. 현장 사진만 찍으면 된다고 생각하고 정확한 정보파악 없이 현장을 둘러보는 공인중개사들도 상당히 많다. 건축물대장을 가지고 현장에 방문해야만, 정확한 면적과 정보들이 확인된다. 대장의 현황과 실제가 일치하는지 확인된다. 건축물대장을 들고 가면 의뢰인은 공인중개사에게 더 큰 신뢰를 보낸다.

"다른 부동산과 다르구나, 제대로 일하는구나!"

실제로 내가 들은 말이다.

현장을 점검한 이후, 의뢰인과 **판매전략을 공유**해야 한다.

① **판매가격에 대한 협의**가 이루어져야 한다. 어차피 매수 예정인 의뢰인이 없는 상황이기 때문에 여러 가지 상황을 놓고 판매가격에 대한 사전협의를 진행한다. 물론, 철저하게 매도인의 관점에서 진행해야 한다. 현재까지 최고 실거래가는 ○○월에 얼마이다. 최근 실거래가는 ○○층 얼마이다. 최근의 시장 흐름은 매도 물건이 많이 쌓이는 상황이다. 같은 타입의 물건 가격대는 얼마부터 얼마이다. 의뢰하신 매물이 갖는 장단점은 이렇다. 장기간을 두고 좋은 가격에 팔 것이냐, 적정가격을 유지할 것이냐, 조금 낮은 가격이라도 신속하게 거래

를 할 것이냐에 대한 이야기를 미리 나눈다.

　② **표시 광고할 금액을 협의한다.** 통상 의뢰인이 요구하는 금액이 시세보다 높은 금액을 요구한다. 시세는 4억 7천만 원이다. 의뢰인이 받고 싶은 가격이 5억이다. 광고를 5억에 진행하면 5억에 팔 수 없다. 5억 3천만 원으로 광고를 진행한다. 다른 매물보다 비싼 가격은 손님의 관심을 받기에 불리하다. 시간이 지나면서 매도인도 한풀 꺾이는 경우가 많다. 운 좋게 5억 3천만 원의 광고를 보고 찾아온 매수인이 매수 의사를 밝히더라도, **가격의 협상과 조율은 거래에 있어서 매우 중요한 사항이다.** 단순히 매도인이 의뢰하는 호가를 표시하여 광고하고 중개해도 된다. 성과가 안 날 뿐이다. 살아 움직이는 생물이다. 적절한 시기에 적절한 가격에 거래가 성사되도록 하는 것이 중개사의 역량이다. 앞에서 말한 예시 4.7 - 5.0 - 5.3은 매우 단순한 예시일 뿐이다. 실제 거래의 성사가 4.8에 될지, 5에 될지, 5.2에 될지는 매물의 상태, 중개사의 역량, 매도인과 중개사의 협조관계에 따라 성과가 달라진다.

　현장 확인을 하면서, ③ **의뢰인이 조치해주어야 할 몇 가지 팁을 알려준다.** 여기서부터 **의뢰인과 한 팀**이 된다는 느낌으로 동질감을 형성해 나간다. 팁이라고 하지만 정말 일상적인 내용이다. 손님이 올 때를 대비해서 손님 방문 시의 행동요령을 알려주는 것이다. 현장에서 점검되는 내용에 대해서 매도인에게 조언을 해주어야 한다.

손님이 방문하기 두 시간 전에는 전체 환기를 하자. 보일러를 가동하자. 여름이라면 에어컨을 틀어놓자. 손님이 도착하기 30분 전 보일러를 끄고, 에어컨도 끄자. 싱크대에 설거짓거리는 쌓아두지 말고 정리하자. 불필요한 짐들은 최대한 미리 버리자. 짐을 버린 공간이 생기면 최대한 잘 정리해서 수납하자. 배수구 마개는 꼭 닫아놓자. 집을 팔 때 집 안 전체의 형광등을 새 걸로 교체해 놓으면 형광등 값의 10배는 더 받을 수 있다. 형광등을 새 걸로 교체해 놓으라고 조언을 해준 뒤, 보름 후에 매매를 바로 성사시킨 적이 있다. 매도인분께서도 이렇게 단순한 걸 왜 여태 몰랐을까 하면서 나에게 고마워했다.

포스팅을 통해 광고를 통해 손님이 방문하고 매수 의사를 표시한다면 남은 것은 가격협상 부분이다. 여기까지 와서 가격이 안 맞아 거래를 못 시켰다고 하면, 공인중개사를 업으로 하는 것을 다시 생각해보아야 한다. 당신이 잘못했다는 뜻이 아니다. 다른 안 되는 이유가 있는데, 표면적으로 가격을 평계 대는 것뿐이라는 것이다. 가격이 안 맞는다? 부동산이 한두 푼 하는 것도 아니고, 백화점 가면 언제든지 살 수 있는 물건도 아니다. 매도인이든, 매수인이든 일생에 몇 번 없는 거래이고, 어떻게든 가격을 맞춰서 거래할 수밖에 없다. 그렇게 성사시키는 게 우리 일이기도 하다. 가격을 어떻게 바라보고, 어떻게 협상하고, 어떻게 조율할 것인가는 뒷부분에 계속 이야기 나누자.

03

공실열람확인표

나는 블로그를 통해서 중개업을 배웠다. "블로그 비법=중개업 비법"이다. 누군가는 매물확보 비법을 설명할 것이다. 블로그 잘해봐라. 매물확보 자동으로 된다. 왜냐하면, 공실 있는 임대인은 자기 지역의 유사 물건을 검색해볼 것이다. 블로그에 이렇게 친절하게 설명 잘해주는 중개사가 있으면, 그 중개사에게 자신의 집을 중개 의뢰하는 것은 당연하다. 블로그가 효과를 얻게 되면, 미팅 기회가 많아진다. 손님과 여기저기 바쁘게 다니면, 동네에 계신 어르신 건물주분들은 단번에 눈치를 챈다.

"저 친구, 못 보던 친구인데 정말 열심히 하는구나."

바로 알고 사무실로 방문한다.

부동산 시장은 고인 물 시장이다. 갇혀 있는 좁은 **시장에서 차츰차츰 인정을 받아가며 일을 하는 즐거움**으로 성장하게 된다. 나는 블로그로 많은 손님을 얻었고, 그 손님들이 있음으로써 많은 임대인이 나를 찾아오게 되었다. 블로그로 만나게 되는 임차인, 임대인, 매도인, 매수인 그리고 협력하게 되는 공인중개사들이 나를 폭풍 성장하게 해주었다.

블로그 포스팅을 준비하면서 사진촬영을 한다. 예쁜 사진을 찍어야 하기에 조명을 켜고 여러 각도에서 촬영한다. 넓게 보여야 하기에 광각카메라를 사용한다. 로우-앵글, 하이-앵글 섞어가며 노력하는 모습이다. 보기에는 무척 좋지만 중요한 것이 빠졌다. 지금 우리가 하는 블로그 포스팅은 예쁜 사진 찍어서 보여주고, **포스팅 잘한다는 소리 듣기 위함이 아니다.** 계약을 따내기 위해, 고객과 만나기 위해 그 이전에 우리가 사진 설명을 하는 것이다. **설명에 필요한 내용을 촬영**해야 한다. 설명에 필요한 **스토리를 구성**해야 한다. 강조할 부분을 잘 드러내는 사진이 필요하다.

사진을 찍고 사무실로 복귀했는데, 포스팅 작성 중 불현듯 좋은 아이디어가 스쳐 지나간다. 그런데 그 부분에 대한 사진은 찍지 못했다. 다시 사진 찍으러 가야 한다. 20분 또 걸어야겠구나. 현장을 방문할 때 제대로 "원, 투, 쓰리, 포"를 잡아야 한다. 중요한 내용을 찾아내는 것, **공인중개사의 탐구영역**이다.

나는 초보 시절, 모든 집의 **공실열람확인표**를 그리겠다고 마음먹었다. 손님들에게 설명해줄 때, 누구보다 정확하게 알려주고 싶었다. 줄자를 가지고 방의 내부 크기를 재고 도면을 그렸다. 옵션의 상태를 점검하고, 위치의 장단점을 파악했다. 내가 팔아야 할 물건인데, 정확한 사양은 알고 있어야 하지 않겠는가? 단순한 의지에서 시작된 이런 행동은 나에게 엄청난 결과를 가져다주었다.

공실열람확인표

2024년   월   일

소재지번		건물명		호수		구조	
				금액			

내부구조	

위치평가		☐ 대로인접		☐ 마트,편의점	☐ 병원,약국	☐ 병원,약국
방향		☐ 남향		☐ 동향	☐ 서향	☐ 북향
옵션평가	T V	형태	☐ 벽걸이	☐ 브라운관	☐ 모니터TV	
		크기	☐ 대	☐ 중	☐ 소	
	냉장고	크기	☐ 대	☐ 중	☐ 소	
		상태	☐ 양호	☐ 보통	☐ 미흡	
	세탁기	상태	☐ 양호	☐ 보통	☐ 미흡	
			☐ 드럼			
	에어컨	상태	☐ 양호	☐ 보통	☐ 미흡	
			☐ 2대			
	가구	형태	☐ 신발장	☐ 벽장	☐ TV장	
		상태	☐ 양호	☐ 보통	☐ 없음	
비고						

미리내부동산 팀장 홍길동

방의 치수를 측정하고, 천장 높이를 측정한다. 창호의 크기까지 재어본다. 방의 크기는 침대를 놓고, 책상을 놓았을 때 여유공간을 파악할 수 있게 해준다. 천장 높이와 창호의 크기는 커튼과 블라인드를 설치할 때 꼭 필요하다. 현장안내를 하면서 이런 부분에 대해서, 즉각적인 조언과 자료제공이 가능해진다. 손님이 면적을 물어보면 망설임 없이 정확한 면적을 말해줄 수 있게 된다.

이렇게 공실열람확인표를 만들고 그려보는 것이 어렵지 않다. 단순 사진촬영이 5분이라면, 공실열람확인표를 작성해보는 것까지 10분이면 끝난다. 현장에서의 느낌을 그대로 기록하고 사무실로 돌아왔다. 촬영한 사진을 꺼내고, 공실열람확인표를 펼치면, 이미 그 안에 내가 써야 할 "원, 투, 쓰리, 포"가 모두 정리되어 있다. 사진을 보면서 무엇을 설명해야 하나 고민하지 않는다. 거침없이 설명할 수 있다. "원, 투, 쓰리, 포" 본론은 물론이거니와 서론과 결론도 자연스럽게 이어졌다. **"원, 투, 쓰리, 포"를 근거로 하는 사진을 찍었다. 정보의 전달이 쉬워졌다. 설명에 근거가 생기자 설득력이 생겼다. 심지어 자연스럽게 세일즈 포인트까지 잡을 수 있게 된다.**

공실열람확인표를 500장 넘게 그려보면서, 원·투룸의 구조와 활용에 대해서 정통하게 되었다. 임대가 잘 되는 방의 특징을 누구보다 정확하게 터득하게 되었다. 내가 건축하는 주택의 구조를 정확하게 활용할 수 있었다. 포항에서 터득한 노하우로 화성의 건축 사장님들에게 다가구주택 구조에 대한 조언을 해주며 친해질 수 있는 계기가 되었다. 실제로 내가 제안한 구조의 다가구주택은 임대가 빠르게 맞춰졌다.

건축사가 잘 하겠지만, 숨은 공간 찾아주고, 작은 동선까지 챙기는 건축사들은 흔하지 않다. 특히, 다가구주택을 많이 짓는 건축업자들에게 건축사는 도면방과 같은 허가대행업자에 불과한 경우도 많다. 실제로 원·투룸을 보면 구조가 형편없어 활용도가 현저히 떨어지는 집도 많다. 건축사도 모르고, 건축업자도 모르고, 집을 사는 사람도 모르고 임차인만 불편을 감수하며 살고 있다. 현장에서 발로 뛰어보고 느껴본 사람이 가장 잘 알 수 있다. 지금도 내가 제일 잘 안다고 자부한다. 500장 넘게 그려보고, 자로 재보고 임대를 해보았다. 누구보다 많은 데이터가 나에게 축적되어 있다.

한 장 그리는 데 10분!
500장 그리는데 5,000분=83시간!
하루에 2시간씩 40일! 무조건 성공한다.

다른 사람이 흉내내지 못할 정도의 중개역량을 갖추게 된다. 200% 장담한다. 공실열람확인표만 펼쳐보아도, 그 집의 냄새가 기억이 날 것이다. 막힘없이 자신감 있는 설명이 가능할 것이다. 주택의 신축판매업을 하더라도 독보적인 역량을 갖출 수 있다. 시간 오래 끌지 마라. 개업하고 딱 40일! 그 후로는 안 해도 몸이 기억할 것이다.

04

"원, 투, 쓰리, 포"

앞에서 블로그의 중요성과 공실열람확인표의 중요성을 설명했다. 이제는 블로그 글을 작성하는 방법에 대해 자세히 이야기해보자. 나는 이것을 비법이라 부르지 않는다. 당연히 이렇게 해야 하는 것이기 때문이다. 하지만 사람들은 나에게 항상, 블로그 비법이 뭐냐고 물어본다. 그래서 비법은 이거라고 말해준다. 무릎을 탁! 치는 사람이 있는가 하면, 그것 말고 다른 비법도 알려달라는 사람도 있다.

무릎을 탁! 치는 사람은 본인이 블로그를 잘해보려고 이렇게 저렇게 궁리를 해본 사람이고, 다른 비법도 알려달라는 사람은 블로그 개설해 놓고, 글 두어 개도 제대로 안 적은 사람이다. 지금까지 모두 그랬다. 부디, 내가 알려주는 블로그 포스팅 방법이 당신의 블로그를 아름답게 가꿔주었으면 좋겠다.

블로그에 글을 쓰는 이유는 무엇인가?

(앞의 내용 중에 정답이 있다)

① 광고 노출

② 블로그의 최적화

③ 계약

객관식으로 표현하니 정답을 찾기 조금 쉬워진 것 같다. 정답이 무엇인가? 명쾌하게 정답을 말하는 사람은 많지 않다. 정답은 "계약"이다. **"계약"이 목표라는 것을 염두에 두고 블로그 글을 작성해 나가야 한다.** 블로그 글이 단순히 광고로서의 기능을 한다고 착각하는 공인중개사들이 많다. "계약"이 목표라는 것을 염두에 두어야, 체계적인 블로그 포스팅을 할 수 있다. 실제로 블로그 포스팅을 시작해보자. 무엇을 어떻게 해야 할까? 이 집을, 이 포스팅을 보고 나에게 전화를 걸도록 만들어야 한다. 네이버, 직방, 다방 두루 살펴보았지만, 블로그에서 본 그 집이 머릿속에 남게 해주어야 한다. 찾고 찾아서라도 나에게 전화를 걸도록 만들어야 한다.

블로그 포스팅을 잘하기 위해서 가장 중요한 것은 무엇인가?

① 노출이 잘 되도록 적절한 키워드를 사용한다.

② 사진을 충분히 많이 사용해서 볼거리를 풍성하게 해야 한다.

③ 영상을 활용하여, 오랜 시간 포스팅을 볼 수 있게 만들어야 한다.

④ 간결하고 조리 있는 글쓰기로 충분한 정보를 전달해주어야 한다.

정답은 ④ 충분한 정보의 전달이다. 물론 포스팅의 노출도 중요하다. 사진을 풍성하게 하는 것도 중요하다. 영상도 중요하다. 하지만, 가장 중요한 것은 고객에게 필요한 정보의 전달이다. 내가 블로그 비법이라고 알려줄 수 있는 것은 고작 **정보의 전달방법**이다. 그래서, 내가 블로그를 포스팅할 때 지키는 요소, 블로그의 운영방법을 알려줄 때 핵심비법이라고 말하는 것은 다음과 같다.

서론, 본론, 결론과 원, 투, 쓰리, 포

모든 글에는 시작과 중간, 마무리가 있어야 한다. 이것은 고객이 포스팅을 보고 이해하는 데 큰 도움이 된다. 내가 또는 다른 사람이 포스팅한 내용을 한번 잘 살펴보자. 서론, 본론, 결론으로 나누어져 있는지, 서론의 내용은 적절한지, 본론의 내용은 순서가 잘 갖추어져 있는지, 결론은 정확하게 요점을 전달해주는지.

서론부터 어떻게 쓸지 생각해보자. 대부분 "오늘은 날씨가 너무 좋아요. 비가 오네요. 좋은 집이 나와서 소개해드립니다!" 이렇게 시작을 한다. 물론 나쁘지 않다. 하지만 중요한 것이 빠졌다. 서론에서 고객의 관심을 끌어모을 수 있다면 더욱 좋은 포스팅이 된다. 예를 들면, "요즘 깡통전세가 사회 전체적으로 큰 문제입니다. 대치동에도 현재 1건의 주택이 경매 진행 중입니다. 미리내부동산은 언제나 안전하고 좋은 집만 보여드릴 것을 약속합니다. 오늘은 전세 ○○억, 시세 대비 50%의 안전하고 쾌적한 다가구주택 매물 설명하겠습니다"라는 식의 조리 있는 글의 도입은 고객의 관심을 끝까지 유지할 힘이 되어 준다.

본론에서는 체계화된 정보를 제공해야 한다. "**원, 투, 쓰리, 포**" 굳이 "포"까지도 필요 없다. "원, 투, 쓰리" 무슨 얘기냐? 본론에서 내가 강조해야 할 사항들인 것이다. 꼭 전달해야 하는 내용을 빠트리지 않고 강조하기 위해서, "**원, 투, 쓰리**" 체크를 하면서 포스팅을 작성한다. 아주 간단한 팁처럼 느끼겠지만, 이 원리는 매우 위대한 결과를 가져온다.

설마, 원, 투, 쓰리라고 해서, ① 채광 좋고 ② 환기 잘 되고 ③ 월세 저렴합니다! 끝! 이렇게 생각하는 건 아니겠지? 본론에서 설명할 내용에 대해 적절한 근거를 활용하여 내용을 뒷받침해주어야 한다. **논리적으로 설명하는 연습**을 하자. 서론에서 강조했던 안전한 전세를 먼저 설명하기 위해서, 주택의 외부상황에 대한 사진이나, 등기사항전부증명서 열람 캡처 이미지를 활용하면 많은 도움이 된다.

"**원**" "현재 ○○동 같은 규모의 주택 시세는 10억 원이다. ○○동 다가구주택의 경매낙찰가율은 6개월 72%, 12개월 74%이다. 이번에 소개하는 주택은 선순위 근저당권 등의 권리와 후순위의 최우선변제금과 본건의 임대차 보증금을 모두 합한 금액이 시세 대비 60%라 매우 안전한 주택이라고 할 수 있다."

근거 있는 설명이 중요하다. 근거 있는 설명을 통해 중개사는 신뢰를 쌓아갈 수 있다.

여러 사진 띄워놓고 "햇빛 잘 들고, 환기도 잘 되고 너무나 좋습니다!" 이렇게 왔다 갔다 하며 쓰지 말자.

"투" "창문으로 들어오는 햇볕이 따뜻합니다! 겨울이 되어도, 오전 11시부터 오후 3시까지, 거실 깊숙이 햇빛이 계속 들어와 난방비 절약에도 많은 도움이 됩니다!"

방향성을 잃지 않는 글을 써야 고객의 기억에 남게 된다. 글에서 중개사의 전문성이 드러나게 된다. 실제로 햇빛이 잘 들어오는 사진을 활용해야 한다. 사진의 근거와 설명이 다르면, 왜 다른지에 대한 부연도 필요하다. 신뢰를 흐트러트리지 말자.

"쓰리" 미처 생각하지 못했던 차별화되는 장점도 하나 정도 부각하자. 우리는 고객의 관심을 받아야 한다. 그리고 "콜"을 받아야 하고, "현장안내"를 통해 신뢰를 확인받고, 계약을 성사시켜야 한다. "콜"과 "현장안내"를 위해 재미적인 요소도 포스팅에 하나 정도 포함하는 것은 매우 효과적이다. 예를 들면, "옥상 마루에서 삼겹살 파티를 했던 일화", "외부부터 현관문 동선까지 CCTV가 설치된 안전한 집" 등등 찾게 되면 얼마든지 특이한 요소들이 많이 있을 것이다.

굳이 이런 특색이 없으면 일반적인 장점을 설명해도 상관은 없다. 안 보이는데 골머리 앓지는 말자. "원, 투, 쓰리"를 점검하는 것은 설명하고자 하는 요점의 명확한 구분, 근거를 뒷받침시켜서 설득력과 신뢰를 얻고, 고객의 머릿속에 잘 정리해주기 위한 도구이다.

결론에서는 서론에서 강조했던 점과 본론에서 설명했던 장점들의 요약정리를 하고, 글을 마친다. 그리고 고객이 편리하게 전화 문의를 할 수 있도록 링크와 안내를 남겨둔다.

05

단순하게, 자신 있게

이번에는 밸런스 게임을 해보자. 다음의 포스팅 중에서 어떤 포스팅이 좋다고 느껴지는가?

[사진과 영상]
 A. 사진이 여러 각도에서 많이 찍혀 있어 구석구석 볼 수 있는 자세한 포스팅
 B. 핵심사진 몇 장으로 간명하게 설명된 포스팅
 C. 영상과 설명 목소리가 들어간 자세한 포스팅

[이모티콘]
 A. 이모티콘을 화려하게 사용하여 볼거리가 많은 포스팅
 B. 이모티콘 없이, 단순한 포스팅

핵심사진 몇 장으로 간명하게 설명된 포스팅이 좋다. 이모티콘이 많은 포스팅은 가독성을 방해하는 요소로 느껴졌다. 매물의 각각의 특징을 잘 보여줄 수 있는 사진이나 영상을 충분히 활용하여, 독자가 실제로 매물을 경험하는 것과 같은 느낌을 받도록 해야 하는 것은 맞다. 하지만, 의식과 인지의 흐름은 방해해서는 안 된다. 핵심적인 사진 몇 장으로 간명하게 특징을 설명하는 것이 좋다. 이것은 정보의 효과적인 전달과 더불어 독자의 관심을 유지하는 데 도움이 된다.

부동산 포스팅을 보다 보면, 쓸데없는 이모티콘이 잔뜩 들어간 포스팅을 보게 된다. 무조건 길게 포스팅하면 좋다고 착각하는 사람들이 남긴 포스팅이다. 이런 포스팅은 내용이 부실한 경우가 많았다. 난잡한 이모티콘은 가독성을 방해한다. 빈 수레가 요란한 것처럼 느끼게 한다. 이모티콘을 쓰는 이유가 무엇인가? 친근감? 난 오히려 가독성과 신뢰성이 떨어진다고 느낀다.

만약 당신의 포스팅이 사진 20장과 동영상으로 화려한 이모티콘과 굳이 없어도 되는 설명들로 가득하다고 상상해보자. 일단, 나부터 지친다. 쓰면서 지친다. 사진 찍다 지치고, 타이핑하다 지친다. 비슷한 사진을 두고, 말을 지어내려고 부단히 노력한다. 지어낼 말이 더 없게 된다.

'아, 난 왜 이렇게 머리가 안 좋지?'

이렇게 생각하는 사람들 실제로 많다. 블로그 포스팅을 힘들어서 못하겠다고 스스로 한계를 정해버리는 사람이 많다. 지금 우리는 정보가 넘쳐나는 시대에 살고 있다. 굳이 나까지 내 고객을 의미 없는 정보 속에 방황시키지 말자. 보는 사람도 지친다.

직접 만나 뵌 적은 없지만, 나에게 깊은 감명을 주신 블로거 공인중개사 한 분이 있다. 연세도 지금쯤 70대가 되셨을 것 같다. 내가 그분을 처음 알게 되었을 당시, 나이는 60대 정도 되셨던 것 같다. 매일 매일 블로그에 투박한 사진과 간단한 설명을 포스팅하시는 분이었다. 사진도 투박하고, 설명도 간단한데, 부족한 느낌 없이 내용이 전달되는 것을 느꼈다.

포스팅을 단순하게 해야 하는 중요한 이유가 한 가지 더 있다. 핵심을 빠르고 정확하게, 간결하게 전달하면 **추가정보를 더 전달해줄 수 있는 장점**이 생긴다. 다음 봐야 할 매물이 이어서 준비되어 있기 때문이다. 다음 봐야 할 계약 시 "주의해야 할 선순위보증금에 대한 안내"가 준비되어 있기 때문이다. "소액임차인의 최우선변제"에 관한 글이 준비되어 있기 때문이다.

하나의 글로 고객이 유입되었다면, 반드시 더 의미 있는 정보를 제공하면서 내 글에 더욱 집중할 수 있게 만들어야 한다. 내 블로그의 글을 두루 살피면서, 이 중개사한테 설명 들어야겠다는 인식을 심어주어야 한다. 하나의 포스팅이 과도하게 길어지면, 오히려 부작용이 생긴다. 집중이 안 된다.

이렇게 공들여 포스팅했다면, 반드시 다시 한번 글을 읽어보며 퇴고의 과정을 거치자. 오탈자를 수정하자. 오탈자가 많은 글, 맞춤법에 맞지 않는 글은 전문성이 없는 사람으로 보이게 한다. 글의 신뢰도를 떨어트린다. 요약하면 간단, 명료, 이어서 추가정보.

그렇다면 광고의 노출, 블로그의 최적화는 중요하지 않은가? 안 중요하다. 정확하게 말하면 서론, 본론, 결론, "원, 투, 쓰리, 포"를 포스팅에서 적용하게 되면, 포스팅에서 필요한 요소들이 적절하게 배어들게 된다. 누군가는 제목을 어떻게 해라, 키워드를 잘 사용해라 등등 맞는 얘기다. 하지만 그것이 본질이 아니라는 것이다. 왜 본질이 아닌 것을 본질인 양 알려주고 있는 거지? 그것을 맹목적으로 따라 한다면, 스스로 반성해볼 필요가 있다. 본질을 행할 사람은 당신이기 때문이다. 본질을 충실하게 갖추면 제목, 키워드 등등 최적화까지 자동으로 따라오게 된다.

최적화가 무엇인지 생각해보았는가? 우리가 운영하는 블로그는 부동산중개 및 관련 정보이다. 맛집, 여행, 생활, 미용 블로거와는 다르다. **우리가 제공해주는 정보에 최선을 다하면 그게 최적화이다.** 허무맹랑한 최적화 글이니, 광고 알고리즘이니 하는 근거 없는 말에 휘둘리지 않아야 한다. 최적화라는 실체가 있더라도, 우리가 정성껏 만든 포스팅이 바로 최적화이다.

블로그에 대해서 착각하는 부분 중에 "제목"이 제일 중요하다고 얘기하는 사람들이 있다. 물론 중요한 것은 맞다. 제목을 보고 내 글로 링크되어 들어오니 당연히 고객의 선택을 받는 제목이어야 한다. 하지만, 내 블로그에 들어온 고객이 내용에 실망하고 빠르게 이탈하는 것은 오히려 포스트의 내용이 빈약하거나 신뢰하기 힘든 글이라는 것을 반대로 증명해준다. 제목을 쓸 때는 내 글에서 가장 중요한 핵심을 담백하게 쓰는 것이 가장 좋다. 조금 더 보태자면, 매번 쓰는 제목이나 구태의연한 제목보다는 상큼한 제목, 때로는 살짝 자극적인 제목, 때로는 호기심을 자극하는 제목을 쓰는 것도 좋은 효과를 가져온다. 제목은 내용이 받쳐주면, 자연스럽게 따라온다.

06

블로그라 했지만, 블로그가 아니다

내가 부동산 창업의 기술에서 가장 많이 이야기한 말이 블로그일 것이다. 그는 왜 그토록 블로그라는 말을 많이 해야만 했을까? 블로그라 했지만, 블로그가 아니다.

내가 블로그라고 말했지만, 진짜로 얘기한 것은 업무의 방식이다. 당신이 네이버를 비롯한 유료매체에 광고한다면, 자신의 매물에 대한 점검이나 관심이 현저히 떨어질 수밖에 없다. 표현할 방법과 글자 수가 제한되어 있기 때문이다. 다른 사람과 똑같은 포맷으로 광고를 하게 된다. 비용을 써가며 광고를 하게 된다. 굳이 현장확인을 열심히 하지 않아도 광고를 게시하는 데 전혀 지장이 없으니, 가볍게 광고를 진행한다. 블로그를 사용한다면, 자연스럽게 매물접수와 현장방문 활동, 상세파악의 업무패턴이 형성될 것이다. **이것은 중개사가 할 수 있는 최고의 첫수다.**

내가 블로그라고 말했지만, **진짜로 얘기한 것은 매물에 관한 공부와 분석이다.** 매물에 관한 공부와 분석을 위해 꾸준히 효과적으로 활용할 수 있는 도구가 블로그이다. 매물에 대한 상세파악을 통해 중개사는 고객에게 정확하고 자신 있게 매물을 설명할 수 있다. 단순히 눈으로 보았을 때 보이지 않는 쟁점들이 미리 정리된다. 중개대상물에 대한 1차적인 확인설명서가 생기는 것과 같은 효과다. 이러한 업무수행 방식을 통해서 전문성을 쌓아갈 수 있다.

블로그는 양방향이다. 내가 핵심정리를 해서 종이로 가진 매물장이 아니기 때문이다. 상대방을 염두에 둔 공부와 분석을 할 수 있기에 수요자의 요구를 따라갈 수 있다. 거기에 광고효과는 덤으로 따라온다. 덤이라고 하지만, 그 어떤 유료광고보다 효과가 좋다.

내가 블로그라고 말했지만, **진짜로 얘기한 것은 고객과의 소통방식이다.** 고객과의 전화상담, 고객과의 현장안내, 갈등하는 고객에게 상황을 정리해주기, 방법을 모르는 고객에게 정확한 방법을 알게 해주기, 자료가 부족한 고객에게 적절한 자료를 보충해주기, 고객과의 소통법을 블로그를 통해서 꾸준히 업그레이드해 나갈 수 있다. 글을 쓰다 보면 꼭 필요한 내용과 불필요한 내용이 걸러진다. 손을 통해서 한 번 정리된 내용을 대화로 나눌 때 훨씬 조리 있는 설명이 가능하다. **차근차근 근거 있는, 조리 있는 설명을 하고 있을 때 상대방은 나에게 신뢰**를 보낸다.

내가 블로그라고 말했지만, **진짜로 얘기한 것은 성공의 방법이다.** 누구나 쉽게 성공하고 싶어 한다. 한꺼번에 많은 돈을 벌고 싶어 한다. 로켓엔진을 장착하고 날아오르고 싶어 한다. 하지만 현실은 한발 한발 나아갈 수밖에 없다. 성큼성큼 달리고 싶어도 준비된 자만이 달릴 수 있다. 처음 몇 걸음이야 어색하고 고되겠지만, 걷다 보면 재미가 느껴질 것이다. **눈덩이를 크게 굴리고 싶다면, 먼저 눈이 소복이 쌓일 만큼 많이 내려야 한다.** 블로그에 타자하는 한 글자 한 글자가 당신의 경력에 내리는 눈송이일 것이다. 당신의 직업 세계에 소복이 눈이 쌓일 때, 힘껏 눈덩이를 굴려보자. 몇 바퀴만 굴러도 제법 눈 굴리는 재미가 있을 것이다.

블로그를 광고로 알고 있지만, **블로그는 광고가 아니다. 공인중개사의 셀프 메뉴얼이다.** 창업하고 모르는 것이 천지투성이이다. 공인중개사 자격증만으로는 실무의 법령과 사례를 모두 알지 못한다. 다시 실무를 배운다. 학원에 가고, 인강을 듣는다. 무엇부터 공부해야 할지 몰라서 닥치는 대로 배우려고 한다.

일하며 잘 모르는 부분들을 블로그에 하나씩 자료를 정리해보자. 내가 모르는 부분을 스스로 연구하여, 하나씩 알게 된다. 내가 알게 된 것을 포스팅을 통해 여러 사람에게 알려준다. 광고는 물론이고, 부동산 전문가로 거듭나는 순간이 온다.

블로그에 두 달만 온 힘을 쏟아보아라. 적어도 50개의 매물이 정리

될 것이다. 그 안에서 길이 보일 것이다. 내가 헷갈렸던 업무 노하우가 블로그를 통해 자연스레 정리된다. 어떤 광고가 좋은지, 어떤 길이 빠른지 보일 것이다. 예전에 수줍게 망설이던 내가, 전문가다운 중개사가 되어, 적극적이고 과감하게 중개활동을 하는 모습이 보일 것이다.

블로그가 광고로서 효과를 못 봤다고 하더라도, 블로그를 통해 중개업을 바라보는 시각이 바뀔 것이고, 매물에 접근하는 방식이 바뀔 것이고, 손님을 안내하는 방법이 나아질 것이다. 정말 블로그는 완벽한 아이템이다.

07
광고대장

    블로그는 잘 알겠고, 광고를 도대체 어떻게 해야 하냐고요? 네이버가 좋은지, 직방이 좋은지, 다방이 좋은지 알려주세요. 이게 궁금합니다. 매월 네이버에 10만 원, 직방에 10만 원, 다방에 10만 원 광고하는데 어떤 게 더 효과가 좋은지 본인도 모르겠다고 한다. 조금 답답한 느낌이다. 내가 앞에서 열심히 한 이야기를 절반도 이해 못하신 것 같다. 그렇지만, 진도 나가자.

    나는 블로그와 네이버 광고밖에 안 해봤다. 블로그만으로도 충분했다. 직원들이 직방 광고를 한다고 해서 한 번 결제해줬는데 효과가 있었는지 모르겠다. 한 번밖에 결제해준 적이 없었기 때문에 다시 광고비 요청이 없었던 것으로 봐서는 효과가 별로 없었나 보다. 여러 광고매체와 앱들에 대해 수치적인 자료의 해석을 통해 효율적인 광고방법을 찾아보자. 다음의 분석은 방구대장의 주관적인 분석임을 미리 밝혀둔다.

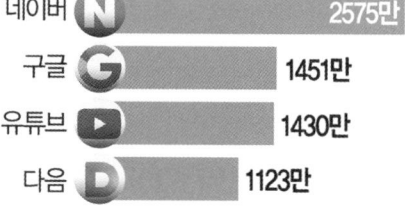

PC 접속 웹사이트 이용자는 네이버

PC 웹사이트 기준으로는 아직도 네이버가 압도적이다. 우리나라의 경우 네이버가 포털시장을 충분히 점유하고 있다. 그래서 블로그 포스팅이 꾸준히 효과를 낼 수 있다. 하지만 요즘 사람들은 업무 외에는 PC보다 모바일을 훨씬 선호한다.

PC 1 : 모바일 3

몇 가지 키워드에 대한 PC와 모바일의 월간 검색 수를 미루어보자. PC의 사용비율이 1이라면, 모바일의 사용비율이 3이라고 추정된다. PC를 사용하기 위해서 책상에 앉아야 한다. 모바일은 틈틈이, 자기 전에 침대에서 볼 수 있는 편의성이 있다. 침대에서 보던 글을 내일 다시 보기 위해서, 자신에게 링크를 전송해둔 경험이 한 번쯤 있을 것이다.

전체추가	연관키워드 ⇕	월간검색수 ⓘ		월평균클릭수 ⓘ	
		PC ⇕	모바일 ⇕	PC ⇕	모바일 ⇕
추가	대치동원룸	170	580	1.9	21.5
추가	대치동학사	460	1,670	9.5	100.8
추가	대치동단기임대	90	310	0.6	19.8
추가	고시원매매	1,670	3,230	61.5	288.8
추가	고시원매물	290	700	9.5	77.5
추가	대치동오피스텔	130	970	0.7	11.8
추가	대치동여학사	30	160	2.5	18.3
추가	강남원룸	300	980	2.5	22

월평균 클릭 수의 경우, 1 : 10~1 : 5 정도로 폭넓게 나타났다. 당연히 모바일이 검색량도 많고, 클릭도 많다. PC보다 모바일에서 뒤로 가기가 편리한 탓일 것이다. 반대로, 내 마음에 들지 않는다면 빠르게 뒤로 가기를 선택한다고도 해석할 수 있다. 정보를 볼 때, 손 위에서 보냐, 책상에 앉아서 보냐의 차이도 영향을 줄 것이다. 월평균 클릭 수의 경우 광고에 대한 클릭 수이기 때문에 블로그와는 조금 다른 개념으로 접근하는 것이 맞을 것 같다. PC와 모바일의 사용자 패턴을 이해하는 참고로 활용하면 좋을 것이다.

블로그 글을 쓰고, 퇴고하고 점검할 때도 스마트폰으로 확인하는 습관을 들여야 한다. 글을 쓸 때는 PC로 쓰지만, 보는 것은 스마트폰으로 훨씬 많이 보기 때문이다.

정보의 탐색은 모바일, 정보의 처리는 PC

PC는 한 번에 제공되는 정보의 양과 질이 우수하다. 여러 정보를 전시하고 사용자가 편의에 따라 가공하기 쉽다. 모바일은 접근성은 좋지만, 정보의 처리가 불편하다. 그래서 휘발성이 강하다. 복잡한 정보를 처리하기에 PC보다 불리하다. 관공서 등에서 업무의 상당 부분을 PC 시스템으로 하는 이유도 비슷한 이유라고 할 수 있다. 단순 호기심 단계에서는 모바일의 편리한 접근성을 이용하고, 많은 정보를 토대로 의사결정을 내려야 할 때는 PC로 정보를 모으게 된다.

모바일의 접근성은 PC가 따라올 수 없다. 언제 어디서나 쉽게 사용할 수 있다. 저녁을 먹고 잠들기 직전까지 사용하는 장비는 모바일이다.

20대는 모바일 / 30대는 모바일 & PC
40~50대 PC / 60대 이상은 모바일

20대는 어렸을 때부터 모바일을 사용한 세대다. 모바일에 익숙한, PC의 사용경험이 적은 세대이다. 40대는 학창시절 PC를 사용하였고, 모바일을 경험한 기간은 15년 정도이다. 만약 45세 이상 나이의 고객이라면, 정보검색에서 PC를 더 유용하게 사용할 것이다. 60대는 PC보다 모바일을 활용하는 빈도가 높다. PC 대신 모바일의 편리함이 작용한다.

모바일과 PC의 사용, 접근에 관한 내용을 비교해본 것이다. 의사결정은 모바일의 정보탐색, PC의 정보처리, 공인중개사와 전문가를 통한 검증 등의 과정을 거칠 것이다.

원·투룸·오피스텔 앱 사용량, 직방 2 : 다방 1

마케팅 회사에서는 저마다의 기준으로 앱 사용자들의 설치 횟수, 삭제 횟수, 삭제 시간 등을 분석하여 앱들의 우선순위를 평가한다. 매체마다 다른 경우도 많다. 평가방식에 따라 다르기도 하다. 여러 지표를 검토하고 주관적인 판단을 내리면, 직방 2 : 다방 1이다.

직방의 사용자가 다방의 사용자보다 2배 많다고 가정하자. 직방의 광고효과가 더 좋을까? 꼭 그런 것만은 아니다. 내가 광고를 하는 지역에서 경쟁업체가 얼마나 있는지도 한 번쯤은 비교해봐야 한다. 내가 있는 지역에서 대부분 공인중개사가 직방에 광고한다면, 다방은 나에게 넓은 활동영역이 될 것이다. 그래서 무조건 이게 좋다고 말할 수 없다. 한 가지 앱만 사용하지 않는다.

직방 사용자들의 동시 사용 앱

순위	앱 명	2024년 1월 중복 사용자수(명)	2024년 1월 중복 사용률(%)
1	다방	404,324	17.6
2	호갱노노	245,871	10.7
3	네이버 부동산	215,166	9.4
4	청약흠	90,032	3.9
5	피터팬의 좋은방 구하기	82,800	3.6

다방 사용자들의 동시 사용 앱

순위	앱 명	2024년 1월 중복 사용자수(명)	2024년 1월 중복 사용률(%)
1	네이버 부동산	329,581	18.4
2	직방	245,871	13.8
3	아파트 실거래가	164,249	9.2
4	청약흠	146,996	8.2
5	KB부동산	89,476	5.0

호갱노노 사용자들의 동시 사용 앱

순위	앱 명	2024년 1월 중복 사용자수(명)	2024년 1월 중복 사용률(%)
1	직방	404,324	39.3
2	네이버 부동산	96,827	9.4
3	피터팬의 좋은방 구하기	73,906	7.2
4	호갱노노	55,061	5.4
5	LH청약플러스	49,526	4.8

네이버 부동산 사용자들의 동시 사용 앱

순위	앱 명	2024년 1월 중복 사용자수(명)	2024년 1월 중복 사용률(%)
1	호갱노노	329,581	24.5
2	직방	215,166	16.0
3	아파트 실거래가	120,802	9.0
4	청약흠	102,408	7.6
5	다방	96,827	7.2

<부동산 앱 관련 MAU(중앙일보 장진원 기자 자료)>

직방을 사용하는 사람의 약 17%는 다방을 사용하고, 10%는 호갱노노를, 3%는 네이버부동산을 사용했다. 다방을 사용하는 사람의 18%는 네이버부동산, 13.8%는 직방을 사용했다. 호갱노노를 사용하는 사람의 39%가 직방을 사용한다. 이는 호갱노노의 모 회사가 직방이기 때문에, 직방에서 호갱노노로 사용자를 유입시킨 결과로 추정해본다.

〈인구수와 스마트폰 월간 활성 사용자 수〉

구분	인구수	백분위	구분	MAU	백분위
주민등록	5,129	100.0%	스마트폰	5,470	100.0%
20~70세	3,698	72.1%	유튜브	4,070	74.4%
20대	613	12.0%	네이버	3,850	70.4%
30대	656	12.8%	구글	2,750	50.3%
40대	**787**	**15.3%**	인스타그램	1,865	34.1%
50대	**871**	**17.0%**	페이스북	991	18.1%
60대	**769**	**15.0%**	멜론	630	11.5%
구분	MAU	백분위	삼성페이	1,625	29.7%
직방	**229**	**100.0%**	토스	1,519	27.8%
호갱노노	**179**	**78.2%**	네이버지도	2,197	40.2%
네이버부동산	**134**	**58.5%**	카카오T	1,173	21.4%
다방	**103**	**45.0%**	야놀자	332	6.1%
아실	**42**	**18.3%**	쿠팡	2,695	49.3%
피터팬	**17**	**7.4%**	당근	1,524	27.9%
			배달의 민족	1,899	34.7%
			요기요	569	10.4%
			쿠팡이츠	460	8.4%
			스타벅스	642	11.7%
			네이버웹툰	802	14.7%
			예스24	126	2.3%
			알바몬	224	4.1%
			올리브영	406	7.4%
			오늘의 집	330	6.0%

※ MAU : 월간 활성 사용자 수(Monthly active users)

먼저 이 자료는 부동산 앱 관련 MAU(중앙일보 장진원 기자 자료) 및 전체 앱 MAU(아이지에이웍스)의 자료를 보고 이해하기 쉽게 가공한 자료이며, 마케팅 업체의 분석결과를 토대로 재가공한 자료이므로 단순 참고용으로만 활용하기 바란다. 자료의 조사 시기는 23년 말과 24년 초이다. 시장의 규모에 대한 감을 잡기 위한 데이터로 단순 참고하길 바란다.

(앱 기준) 원·투룸을 중점으로 영업을 하는 중개업소라면, 직방과 다방에 집중해서 매출을 발생시키면 될 것이다. 아파트를 주로 광고할 때는 호갱노노와 네이버부동산을 적절히 사용해야 할 것이다. 상가, 건물, 토지를 전문으로 할 경우 앞의 표에는 없지만, 밸류맵, 디스코와 같은 앱도 많이 사용된다.

우리나라의 스마트폰 개통은 5,470만 대이다. 이중 부동산 앱을 사용하는 사람은 약 300만으로 추정해본다. 우리나라의 20~30대 인구는 1,269만이다. 생애 주기에서 주거이전이 많다. 직방과 다방과 같은 부동산 앱을 가장 많이 사용한다. 우리나라 40~50대는 1,658만이다. 주거용, 사업용 부동산의 수요가 많은 시기이다. 부동산 투자 역시 가장 활발한 시기이다.

위의 데이터를 통해 개념적인 참고가 되길 바란다. 나에게 유효한 광고가 어느 매체에서 어떻게 작용할지는 모른다. 블로그, 앱 광고, 신문광고, 전단지, 판촉물, 벽보, 지인 소개 등 다양한 경로를 통해 광고의 효과가 발생한다. 그래서 광고에 정답은 없다. 모든 광고 수단을 적절히 활용해야 한다. 내가 꼭 팔아야 할 물건이 있다면, 팔릴 때까지 모든 매체의 화력을 집중시켜야 한다.

08

또 블로그

　인터넷 사용자 77%가 블로그를 읽고 있다. 인터넷 정보의 원천이 블로그라고 할 수 있다. 블로거의 33%는 블로그로부터 이익을 전혀 얻지 못한다. 대다수 블로거는 애드센스를 주요 수익원으로 활용하며, 그 뒤로는 제휴 마케팅이다. 높은 소득의 블로거들은 애드센스보다 자체 제품이나 서비스 판매로 2.5배 높은 수익을 창출한다. 연간 수입이 6,500만 원 이상인 블로거의 45%가 자체 제품 또는 서비스를 판매한다. 일반적인 블로거의 8%만이 자체 제품 또는 서비스를 판매한다.

　평균적인 블로그 콘텐츠의 길이는 1,376단어이다. 그리고 B2B 분야의 글은 대략 1,460단어, B2C 분야의 글은 1,300단어 정도로 나타난다. 최대 2,000단어까지 적절하다. 2,000단어를 초과하면 효과가 감소한다. **읽는 시간이 7분이 넘어가는 콘텐츠는 독자의 참여도가 줄**

어든다. **75%의 독자는 콘텐츠 길이가 1,000단어 미만인 글을 선호한다. 그래서 콘텐츠의 간결성을 유지하는 것이 중요하다.**

독자의 73%는 블로그 콘텐츠를 대충 읽는다. 27%는 꼼꼼하게 읽는다. 판매담당자의 40%만이 구체적인 콘텐츠 전략을 사용한다. 콘텐츠를 보다가 문제가 있으면, 독자의 절반 이상이 읽는 것을 멈춘다. 문장의 난이도는 검색과 명확한 상관관계가 없다.

구매결정을 내리기 전에 구매자의 44%는 일반적으로 3~5개의 콘텐츠를 참고한다. 하나의 포스팅으로 바로 콜이 올 거라는 착각은 버리자. 좋은 글을 누적시켰을 때, 좋은 콘텐츠를 연결 지었을 때 콜이 나오게 된다. 양질의 백링크가 많으면 더 많은 조회 수를 기록한다.

일주일에 2~6회 콘텐츠를 작성하는 블로거는 그렇지 않은 블로거에 비해 50% 더 높은 성과를 얻는다. 콘텐츠당 7개 이상의 이미지를 포함하는 블로거는 2.3배 더 좋은 효과를 느낀다. 블로그 콘텐츠 하나를 작성하는 데 평균적으로 4시간 10분이 걸린다. 블로그 콘텐츠 작성 시, 대부분 블로거는 콘텐츠당 1~3개의 이미지를 포함한다. **2%의 블로거는 자체 연구를 통해 콘텐츠를 작성**하며, 이는 블로그의 독창성을 높여준다. 블로거의 37%는 전문 편집자와 협력하여 콘텐츠의 품질을 높이고 있다.

"콘텐츠의 품질"은 블로그 성공의 핵심이다. 월간 조회 수 5만 회 이상을 기록하는 블로그 중 음식(42.8%), 생활양식(13.3%), 그리고 여행

(10%) 분야가 높은 비율을 차지한다. **부동산은 월간 방문자 수 1만 회만 되더라도 충분히 양호한 블로그라고 할 수 있다.**

블로그 콘텐츠에 대한 주요 불만사항으로는 길이가 너무 길거나, 콘텐츠 품질이 좋지 않거나, 디자인이 부족하다는 점이 있다. 블로그의 성공은 단순히 콘텐츠 작성만으로 되는 것이 아니다. 포스팅 이후, 홍보와 마케팅은 중요한 단계이며, 오래 걸리는 작업이기도 하다. 블로거의 73%는 오래전에 발행한 콘텐츠를 주기적으로 업데이트한다. **블로거의 32%만이 자신의 블로그 통계를 정기적으로 분석**하고 있다. 연간 수입이 6,500만 원 이상인 블로거의 70%가 블로그를 적극적으로 홍보한다고 답변했다. 일반적인 블로거의 14%만이 이처럼 답변했다. 싱가포르 Ahrefs의 콘텐츠 마케팅 담당자 시콴웅(王思权)의 설문 통계를 참고하여, 나름의 분석을 더하였다.

09

클로징과 가격협상 노하우

　사무실 오픈 한 달째, 아침 일찍 문을 열고, 저녁 늦게까지 불 켜놓고, 동네에서 제일 성실한 공인중개사가 되기로 했다. 많은 분들이 새로 오픈한 사무실을 찾아서 물건을 내주셨다. 열심히 광고한 덕에 손님을 모시고 현장안내도 여러 번 다녀왔다. "좀 더 알아볼게요." 하고서 결정을 미루는 손님이 대부분이었다. 이런 손님들의 대다수는 재방문하지 않았다. 어디서 어떻게 계약 단계로 넘어가야 하는지 모르겠다.

　클로징을 논하기 전에, 현장안내를 할 때 도움되는 몇 가지 팁이 있다. 굳이 일일이 설명하지 않으려 한다. 블로그 포스팅을 하다 보면 자연스럽게 터득이 될 수 있는 것들이다. 시나리오 작성, 실용적 정보 전달 등과 같은 내용이기에 글을 쓰다 말고 지웠다. 자연스럽게 체득이 될 것이다(굳이 궁금하다면, 내가 운영하는 네이버 카페를 통해 글을 남겨두겠다).

물건을 접수하고 관리하는 노하우에서 매도인과의 합을 맞췄다. 나의 영역으로 돌아와 열심히 물건을 분석하고 광고했다. 몇몇 매수인을 찾아 현장안내를 했고, 그중 한 의뢰인이 계약할 듯 말 듯 망설이고 있다. 어떻게 해야 할까?

계약 단계로 넘어가기 위해서 꼭 필요한 것은 **"만족"**이다. 그리고 **"포기"**이다. 만족과 포기는 서로 반대편에 있는 단어인데, 왠지 묘하게 둘 다 필요할 것 같은 느낌이 든다.

공인중개사는 고객의 만족을 위해 일한다. 고객의 만족, 부동산의 중개 거래, 계약의 체결을 통해서 수익을 창출하는 직업이기 때문이다. 하지만 매도인과 매수인 쌍방의 입장을 중간에서 잘 전달하며 균형을 잡아주기는 쉽지 않다. 한쪽의 이익을 위해 일할 수도 없다. 그렇다고 둘 다 이익이라고 말하기에는 현실적인 거래조건은 살짝 기울어질 수밖에 없다. 거래 당사자 중 어느 일방의 욕구가 충족되지 못해, 즉 만족하지 못해 거래가 체결되지 않는다면 어떻게 해야 할까?

인간의 욕심은 끝이 없다. 만족을 논하기 전에 **"포기"가 전제되어야 만족을 알게 된다.** 매도와 매수의 과정에 있어서 공인중개사는 매도인을, 매수인을 적절히 포기시켜야 만족에 도달할 수 있게 된다.

먼저 원·투룸의 임대차부터. 내가 초보 공인중개사 시절 이야기이다. 요령도 없이 의욕만 충만하던 시기였다. 손님이 오면 "오늘 시간 괜찮으시죠? 제가 이 지역에 있는 방 모두 보여드리겠습니다. 그중에 세 개만 골라주십시오. 가격 조율해서 가장 좋은 조건으로 계약 진행하시죠!"라고 얘기를 하고 업무를 시작했다. 실제로 낮 12시에 오셔서 오후 6시에 가계약금 송금하고 들어가신 분들 많았다.

특히, 여자분들은 3~4시 정도 되면 당이 떨어져 표정이 바뀌는 게 느껴진다. 그러면 편의점 커피를 마시며 좀 전에 봤던 그것 중에 세 번째 집이 집주인도 좋고, 건물관리도 잘 된다고 얘기를 하면, 거의 결정을 내린다. "더 봐도 달라질 게 없구나"라는 포기가 가능했다.

내가 어느 정도 숙련된 단계에 올라왔다. 이제는 전문성으로 고객에게 신뢰를 주었다. A급 매물을 보여주러 가는 과정에 외부에서 있는 집들을 모두 설명해주었다. A, B, C, D 주택까지 50동이 있다면, 걸으면서 말한다.

"이 집은 현재 공실 투룸 한 개 남았네요."

"이 집은 전부 원룸이어서 1.5룸이 없어요."

"이 집은 새로 지어서 1.5룸이 잘 나왔는데 월세가 조금 더 비싼데도 준공 전에 임대차 계약이 다 끝났어요."

집 밖에서 다 설명을 해준다. 일종의 시간 절약인 셈이다(뒷부분에 씨밥이라고 자세히 설명해두었다).

원·투룸 임대의 경우, 2년 정도 살고 이사를 생각한다. 그래서 현실과 타협하는 것이 빠르다. 불필요한 조건들에 대한 포기가 쉽다. 선순위 권리관계 분석을 제외하면 업무 난이도가 높지 않다. 손님도 많다. 빠르게 보여주고, 빠르게 계약하고, 빠르게 보수를 받는다. 많은 계약을 이루어야 의미 있는 수익 창출이 가능하다. 원·투룸 임대의 경우 입주 1개월여를 남기고 빠르게 상담하고, 빠르게 현장확인 후 계약을 진행한다. 2개월 전에 와서 현장확인을 해도 그 집을 다른 사람이 계약할 확률이 높다. 2개월 전에 와서 임대차 계약을 한다고 하면 잔금일까지 너무 오래 걸려서 임대인이 거절할 가능성도 염두에 두어야 한다고 설명한다.

그렇다면, 매매의 경우를 보자. 주택이나 아파트의 경우는 내 가족이 살 집이다. 3년이 될 수도 있고, 10년이 될 수도 있다. 거래의 의지가 명확하지만, 거래의 조건이 그만큼 까다롭다. 만족할 만한 집을 찾지 못한다면, 지역을 옮겨서 탐색하기도 한다. 그러므로 주택 매매의 경우에는 적어도 2개월, 3개월의 시간을 두고 **고객과 합을 맞추고, 이해를 맞춰가는 기간이 필요**하다. 운 좋게 동네에 있는 매물 다 보여주고, 고객에게 "선택하세요"라고 해서 계약할 수도 있겠지만, 이러한 방식의 계약은 동네에서 1/N로 가져가는 성과다.

초보 공인중개사는 걱정이 많다. 자기가 소개한 집을 다른 부동산에서 계약한다고 한탄이다. 사실, 이런 고객은 매우 극히 드문 케이스이다. 걱정하지 말자. 부동산 계약과 관련한 고민거리가 산더미인데, 어떻게 선뜻 일면식 없는 부동산에서 계약하겠는가. 다른 부동산에서 내가 보여준 전문성보다 더욱 좋은 정보와 대안, 방법을 제공했을 것이다. 고객이 먹튀했다 생각하지 말고, 본인이 충분한 신뢰와 전문성을 보여주지 못한 부분을 반성해야 한다. 중개사로 인해 지역을 알게 되고, 부동산 시장의 상황을 이해하면서 계약이라는 과정에 이르게 된다. 매수인의 상황에 맞는 적합한 주택을 선택해서 계약하는 과정을 제어할 수 있어야 공인중개사로서 실력이 갖추어지는 것이다. 매수인의 상황에 맞는 적합한 주택의 선택에 있어서, **올바른 "포기"를 도와주는 노련미**를 갖추어 나가야 한다. 불필요에 대한 포기, 자주 일어나지 않는 상황에 대한 포기.

이사를 계획한다. 초등학교 품은 아파트는 당연히 필요한 선택이고, 층수도 10층 이상을 희망한다. 중간 라인(1~4호 중 2, 3호)을 고집한다. 남쪽 끝동(내 집은 무조건 남쪽 끝동이다. 일조에 최적이다. 다른 분들은 이것을 많이 안 따진다. 일조가 조금 불리해도 단지 안에 있는 것을 편안하게 느끼는 사람도 있는 것 같다)을 찾는다. 매매가는 시세보다 2~3천은 저렴했으면 좋겠다. 리모델링이 된 깨끗한 새집을 원하는 것은 아니지만 도배, 장판 정도만 하면 될 정도의 내부상태를 요구한다. 매수인의 요구를 단번에 포기시킬 수 없다. 매물을 확인하며 차근차근 절충할 수 있게 해야 한다. 시간을 주어야 한다. 그 과정에 포기에 따른 대안과 의미를 찾아주어야 한다. 그리고 그 포기에 대해 좋은 결과를 가져오는 좋은 선택이라고 칭찬해주어야 한다.

예를 들면, 내부상태가 불량해서 마음에 안 들어 한다면, 간단한 부분 인테리어(포인트 타일, 포인트 벽지, 가구활용 공간분할 등등)를 대안으로 제시할 수 있다. 셀프 인테리어를 하면서 비용을 아끼고, 소중한 보금자리를 멋지게 꾸미는 의미 있는 과정이라고 얘기를 해준다. 기대치보다 내부상태가 불량하더라도 충분히 개선의 여지를 느낄 것이다.

최종 클로징 포인트의 절반은 가격의 조율이다. 매도인에게는 현재 시장의 하락적인 요소를 얘기한다. 매수인에게는 현재 시장의 긍정적인 요소를 얘기한다. 타이밍이다. 매도인에게 물건을 접수할 때 시장이 어려워서 안 팔린다고 얘기하면 매도인은 공인중개사를 신뢰하지 않고, 거래하고 싶은 마음을 거둔다. 매수인이 매수 의사를 확실하게 표현하고 최종 조율의 단계에서는 거래를 성사시키기 위해 공인중개사가 과감하게 금액적인 조율을 해줘야 한다.

이때 물건을 접수하면서, 사진을 찍으면서, 판매전략을 공유하면서, 현장안내를 하면서 **매도인과 잘 합을 맞췄다면**, 매도인과의 가격협상도 절충범위 안에 충분히 들어오는 과정이 될 것이다. 지금 매수인을 놓치면 다음 매수인은 언제 올지 모른다는 것도 인지시켜 줘야 한다. 더 좋은 가격에 팔 수 있다는 생각을 포기시켜야 한다. 지금 거래를 잘 마치고, 다음 거래의 더 큰 기회를 얻을 수 있다는 희망이 있다면, 현재의 가격협상이 조금 더 편해질 수 있다.

혹시, 내 집 가격을 깎았으니 중개보수도 깎자는 매도인이 틀림없이 있을 것이다. **영업사원이 할인판매하고 왔다고 영업사원 월급 깎는 사장이 되지 말라고 얘기해줘야 한다.** 할인판매는 영업사원을 위한 것이 아니다. 회사를 위한 것이다. 매도인을 위해서 할인판매를 해야만 새로운 기회가 생긴다는 것을 알려주어야 한다.

가격을 협상하기 전, 거래성사를 위한 협상인지, 간 보기 위한 협상인지를 잘 파악해야 한다. 거래성사를 위한 협상에는 공인중개사가 발 벗고 나서야 하는 상황이다. 간 보기 위한 협상을 요구한 상황에서, 중개사가 너무 적극적인 자세로 협상했다가 거래가 성사되지 않으면, 신용을 잃게 된다.

거래성사를 위한 협상은 가격이 맞으면, 그 외의 조건은 매수인이 맞추겠다는 의지가 들어간다. 모든 조건을 맞추겠다고 말은 하지 않겠지만, 가격이 맞으면 중도금과 잔금일정, 기타의 거래요소에 대한 부분을 맞추겠다고 표현하게 된다. 간 보기를 위한 협상은 다른 거래요소에 대한 협상을 미뤄두고 가격이 맞는지 우선 물어보자고 들이미는 것이다. 가격이 맞으면 그때 선택지에 놓고 고민하겠다는 뜻. 매수인 우위 시장에서 있는 일이다. 간 보기 협상은 거래로 이어질 가능성이 작다.

간 보기 협상을 거래성사를 위한 협상으로 전환하기 위해서, 가계약금을 이용하기도 한다. 매수인의 요구조건을 달성하기 위한 가격협상을 하기 위해서 소액이라도 가계약금이 필요하다. 조건 달성 시 매도인에게 지급되고, 조건을 달성하지 못하면 반환될 수 있는 가계약금을 협상의 카드로 활용할 수 있다.

실제 공인중개사 업무에서 일어나는 상황들은 무궁무진하다. 거래에 대해서, 당사자의 욕구에 대해서, 시장상황에 대해서 능통한 공인중개사라면 원만한 클로징, 성공적인 중개업무가 가능할 것이다. 기본과정을 잘 이해하면 감각이 살아난다.

| 제4장 |

폭풍 성장 단계

01

파는 기술, 씨밥과 포장

파는 기술. 사람들은 흔히 마케팅이라고 표현한다. 마케팅보다는 세일즈에 가까운 영역인 것 같다. 그러면 어떻게 팔 수 있을까? 파는 방법은 여러 가지가 있을 것이다. 내가 세일즈, 마케팅에 전문가는 아니지만, 내가 경험해본 파는 기술을 소개해본다.

① C B A B'

일명 씨밥! 부동산 거래는 매우 힘든 일이다. 그래서 중개인의 적절한 조력을 받으려는 사람들이 있다. 중개인이 있다고 하더라도, 중개인과 집을 보고, 상가를 보는 일은 고된 일이다. 그래서 신뢰성이 높은 중개인 찾으려 하는 것이다.

나는 손님에게 방을 보여줄 때 C B A B'의 순서로 보여준다. 그리고 미리 예고를 한다. 오늘 보실 집은 처음에는 저렴한 장점을 가진 집, 두 번째는 위치는 조금 편리한데 내부가 조금 노후된 집, 세 번째는 비교적 넓고 신축에 구조도 괜찮은 집이라고 말씀드린다. 고객도 어느 정도 체력적 안배를 할 필요가 있다.

C와 B의 단계에서 힘을 낭비하면 안 된다. 지역의 환경, 시장의 시세가 이렇다는 샘플로 보여주는 것이다. 모든 집에서 열정적으로 브리핑을 하고 없는 장점, 있는 장점 다 찾아주면 고객도 혼란이 온다. 고객을 결정장애로 빠트리는 사람이 중개인이 되어서는 안 된다. C와 B 단계에서는 기본적인 것들에 대해 간략히 설명한다. 보증금과 월세, 주변 환경 등 깊은 고민 없이 가볍게 들을 수 있는 것들에 관해 이야기한다. 고객이 스스로 고민하도록 약간의 시간을 흘려보낸다. 고객은 머릿속으로 방의 구조, 배치, 동선, 환경, 직장 출퇴근 등 하나하나 고민을 하며 점검하는 시간을 갖게 된다.

C와 B의 방을 보고, A급 방을 보여준다. 물론 판단은 고객의 몫이지만, 원·투룸과 같은 기본적인 부동산 상품의 경우, 사람마다 요구하는 것들이 비슷하다. 장점과 단점들이 명확하게 구분이 된다. **A급 방을 보여줄 때, 이제 디테일한 설명이 의미가 있다.**

A 단계는 계약을 해야 하는 방을 보여주는 것이다. C와 B의 방에서 느꼈던 고민이 자연스럽게 해결되는 것을 고객 스스로 느끼는 순간이다. 이때, 공인중개사가 확인해줘야 할 것들을 충분히 전문적으로 설명해준다.

방을 구하는 손님들이 궁금해하는 수압을 확인한다. 주방과 욕실,

베란다의 3곳의 수도를 모두 개방해서 수압이 어떻게 변하는지 설명한다. 화장실 거울에 부식이 있는지, 얼마나 있는지 확인해준다. 샷시를 달아 기밀 성능도 평가해주고, 유리의 성능이 어떤지, 두께가 어떤지, 몇 장의 유리가 접합되었는지 설명한다. 벽의 두께가 얼마이고, 단열재가 몇 cm 적용되었는지까지 설명해준다. 침대를 놓으면 공간이 어디까지 나오고, 책상의 크기에 따라 줄자를 놓아가며 배치를 함께 고민한다. 자세하고 정확한 설명에 고객은 쉽게 결정을 내릴 수 있고, 계약 단계에 이르게 된다.

만약 고객이 A 단계에서 계약의 확신을 가지지 못했다면, B'를 보여줄 차례다. B'를 보여주면서 시장의 흐름과 A의 가치를 부각해야 한다. 실제로 원·투룸 임대의 순환이 얼마나 빠른지, 좋은 집을 계약하기가 쉽지 않다는 것을 알려주고 확신을 심어주어야 한다.

원·투룸 임대를 찾는 고객은 대부분 대학생이나 사회초년생이다. 부동산 거래의 경험이 적다. 좋은지, 안 좋은지 모르는 경우도 많다. 중개사는 인생의 선배로서, 부동산 거래를 안전하게 체결해주는 조력자로서 충분히 이해하기 쉽게 알려주어야 한다. **이때 이해하기 쉽게 풀이하는 과정이 C B A B'이다.** 흐릿했던 이미지가 선명하고 또렷하게 구체화되는 과정이다.

반대로 A B C B' 순서로 고객을 안내했다고 생각해보자. 고객은 A에서 지문을 읽고, B, C에서 점점 문제로 빠져드는 느낌이 들게 된다. B'까지 보았지만, 해결책은 없다. 발품을 더 많이 팔아야겠다는 결론을 내리고, 중개사는 귀한 손님과 귀한 시간을 허비하게 된다. 아주 간단한 원리니까, 반드시 C B A B' 순서로 고객을 안내하자. 가까운 곳부터 보여주는 게 절대 아니다. C B A B' 이 정도 계획은 갖고 일하자.

② 포장을 잘하자.

백화점에서 과일을 사본 일이 있는가? 백화점 과일은 반짝반짝 빛이 난다. 맛도 물론 맛있겠지만, 보기에 맛있어 보인다. 나는 이 지역에 정통한 중개사다. 이 지역의 매물은 누구보다 빠삭하고 S급, A급 매물이 나오면 바로 계약할 대기 고객도 있다. 하지만 시장에 항상 S급, A급 매물만 있는 것은 아니다. C B B+ C의 매물이 있다면, C B A- C+ 만들어서 고객 앞에 진열해야 한다. 물론 고객이 시간적인 여유가 있는 상황이라면, 충분히 설명하고 좋은 매물을 기다려도 좋을 것이다. 하지만 시간이 정해져 있다면 마냥 기다릴 수는 없는 상황.

A, B, C의 기준은 중개업자인 나의 절대치 기준이다. 시장 상황에 따른 상대적 등급은 아니다. 시장에 A급 물건이 없으면, B+를 선택하는 것이 A급 선택이다. 그렇다고, 지금 보는 집이 B+인데, 지금 A급이 없는 상황이라는 친절한 설명은 고객을 떠나가게 할 뿐이라는 것을 명심하자.

B급의 물건을 어떻게 A-까지 끌어 올릴 수 있을까? 실제로 내가 사

용했던 방법들만 소개한다. B급은 방의 어느 한 부분이 깨끗하지 못하거나 한두 군데 손볼 곳이 있는 그런 방들일 것이다. 나는 즉석에서 그런 미흡한 부분을 수리했다. 수리했다고 표현했지만 대단한 방법들은 아니다.

한여름, 한낮 주인세대를 찾는 손님이 계셨다. 정말 내 눈에 쏙 들어오는 집은 없었다. 손님의 일정상 그나마 있는 B급 주인세대를 계약해야 하는 상황인 것이다. "좋은 계약입니다"가 아닌 "현실적인 계약입니다"가 되는 상황인 것이다. 나는 출근해서 미리 공실을 확인하고 에어컨을 가동했다. 그리고 손님이 오기 한 시간 전에 에어컨을 끄고, 한 시간이 흐른 후 손님을 맞이했다. 선택지 안에 있는 주인세대를 모두 확인해보았다. 100%는 아니지만 80% 마음에 드는 집을 계약해야 하는 고객을 위한 나의 작은 포장이었다. 한여름에도 제법 시원한 느낌이 있구나, 날림으로 지은 집은 아니네요. 이런 느낌 정도를 갖고 기쁘게 계약을 체결할 수 있게 되었다.

방을 보여드리기 전, 환기는 물론이고 청소도 신경을 썼다. 중개사가 청소까지 해야 하나 생각할 수 있지만, 물티슈 두어 장으로 해줄 수 있는 청소는 충분히 서비스할 수 있다고 생각한다. 먼지가 쌓인 창틀, 창문을 물티슈로 한번 가볍게 닦아주면, 계약하기 전에 마음이 한결 가벼워진다.

저층에 있는 집을 보여줄 때는 하수구의 냄새가 역류하는 경우가 많다. 환기를 시키면서 반드시 싱크대 마개를 막아놓고, 손바닥 크기의 장판으로 욕실, 베란다 배수구를 잠깐 덮어두기도 한다. 모든 집을 이렇게 하는 것이 아니다. 내가 가진 B+를 A로 만들어 계약을 성사시키기 위한 약간의 포장이다. **씨밥과 포장을 항상 기본 틀이라고 생각해야 한다. 그래야 많은 일을 효율적으로 할 수 있다.**

02
대화와 설득의 기술, 펌프질

　블로그가 중요하다고 설명했다. 블로그에서 가장 중요한 것은 정보의 전달이라고 알려주었다. 대화의 기술은 왜 중요한가? 대화를 통해 최종적으로 전달하고자 하는 것은 무엇인가? 바로 정보의 전달이고, 정보의 이해이다. 이를 통한 계약체결이 그 최종 목적지이다. 그 최종 목적지를 향해가자.

　새로 개업한 중개사무소에 방문해본다. 어떤 지도를 걸고, 어떤 모니터를 설치할지 고민하는 대표님들이 많다. 멋진 프리젠테이션을 준비해야 한다고 생각한다. 나 역시 그랬었다. 많은 발표와 프리젠테이션을 해왔었기에 정말 자신 있는 영역이었다. 화려하고 멋진 브리핑을 생각한다. 강렬한 인상을 주어야 한다고 생각한다. 강렬한 인상을 바탕으로, 부동산 투자를 결심하고 계약을 성사시키고 싶어 한다. 이것은 어디까지나 중개사의 착각이다. 프리젠테이션으로 좋은 정보를 강렬하게 각인시켰다고 해서, 그 공인중개사에게 당장 "계약합시다"라고 얘기하는 사람은 없다. "설명 잘 들었습니다"라며 또 다른 고민을 하게 된다. 빈 잔에 물을 가득 부었지만, 그 물이 넘치게 하는 한 방울이 부족했다. 지금부터 잔의 물을 넘치게 하는 과정을 알아보자. 이 마지막 한 방울이 계약을 성사시키게 된다.

대화의 시작에서 가장 중요한 것은 경청이다. 손님이 하나를 물어보면 열을 대답하지 마라. 하나를 물어보면, 왜 그런 질문을 했는지 조심스럽게 탐색해보자. 손님이 얘기하면 가볍게 고개 끄덕이면서, "맞아요, 그렇군요"라고 하면서 다음 얘기를 끌어내자. 상대방의 말을 간단히 요약하거나 중요한 포인트를 살짝 되물어보는 것이다. 고객에 대한 이해와 요구의 파악이다. 차근차근 고객을 상담하자. 고객에게 무엇이 필요한지 정확하게 캐치해야 한다. 고객의 간지러운 곳이 어디인지 느낄 수 있어야 한다. **절대 정확하고 멋있는 설명을 하려고 먼저 시동 걸지 마라.**

다음 단계는 **간결한 설명**이다. 간결한 설명의 핵심은 고객이 궁금해하는 것의 핵심을 알려주어야 한다. 말할 때는 고객의 언어로 이야기해야 한다. 고객의 표현을 빌려 쓰는 것이 좋다. 중개사로서 전문용어를 사용하는 것이 중요하지만, 고객과의 대화에서는 고객이 이해할 수 있고, 편안하게 느끼는 단어와 용어를 사용하는 것이 훨씬 유리하다.

논리적인 설명도 좋고, 수치화된 설명도 좋다. 창업 단계에서 충분히 준비된 자료들이 있을 것이다. 화려하지 않아도, 대화하면서 하나씩 꺼내게 된다. 그 의미 전달이 부담스럽지 않고 진솔하게 다가올 것이다. 복잡하고 화려하게 표현된 매물의 설명보다, 간단한 사진과 명확한 핵심만 요약되어 있는 설명이 오히려 보기 좋다. 작은 글씨에 많은 숫자보다, 큼직한 글씨에 꼭 필요한 숫자가 좋다. 고객 스스로 여백에 메모할 수 있게 여백이 남아 있는 매물안내가 좋다. 특히, 내가 가장 좋아하는 간결한 설명은 사진이다.

<모텔의 간판에 불이 꺼진 사진>

모텔의 간판에 불이 꺼져 있다면, 만실로 더 손님을 받지 않는다는 것을 의미한다. 모텔 창업을 고려하는 손님뿐만 아니라 주점, 유흥주점의 창업을 알아보고 있는 손님께 이런 자료를 제시한다면 인구분포, 직업분포, 거주환경과 동선, 이런 것들보다 훨씬 직관적으로 알 수 있는 데이터가 될 것이다.

<전날 팔린 주류의 양>

인접한 유사 경쟁점포의 매출을 궁금해하는 사람들이 많다. 평일 소주 6박스, 맥주 3박스 팔았다. 주말에는 소주 10짝, 맥주 4짝 팔았다. 소주와 맥주의 판매량으로 안주류의 판매량 추산이 가능할 것이다. 정밀한 데이터가 생성된다. 길에서, 이런 정보들이 보이면 흘려보내지 말아야 한다. 살아있는 데이터를 휴대폰에 간단히 저장해두자. 점포 뒤편 흡연장소 같은 곳에 이런 정보들이 살아있는 경우가 많다.

나도 경험치가 쌓이기 전까지는 이렇게 못했다. 열심히 공부해서 열심히 설명했다. 머리로, 계산으로 고객을 설득하려고 했다. 점포가 20평일 때는 주방을 8평, 매장을 12평, 매장이 12평이면 4인 테이블로 10개 정도, 테이블 단가가 5만 원이니까, 오후 5시부터 밤 11시

2.5회전, 하루 매출 130만 원, 월매출 4,000만 원, 적정 월세는 얼마, 인건비 얼마, 이렇게 계산하며 열심히 브리핑하는 것보다, A 가게는 어제 이 정도 팔고, B 가게는 지난 주말 이 정도 팔았더라고요. 이렇게 보여주는 것이 훨씬 좋은 결과로 이어진다.

직원을 몇 명 쓰고, 테이블 몇 개 놓고, 메뉴 어떻게 짜는지는 그분의 몫인 것이다. 중개사가 같이 고민해주면 고맙기야 하지만, 달라질 부분이 딱히 없다. 공인중개사가 도와줄 수 있는 부분은 지역 실정을 상세히 알려주고, 창업하게 되면 홍보 한 번 더 해주는 것.

정리해보자. 편안한 **대화로 고객의 니즈를 파악**한다. 고객이 궁금해하는 내용에 대한 **적절한 조력**을 제공한다. 장황한 설명보다 사진처럼 **직관적으로 느낄 수 있는 설명**이 오히려 좋다. 그렇다면, 최종적으로 계약을 끌어내는 설득은 어떻게 되는 것일까?

설득은 공인중개사가 하는 것이 아니다. **본인 스스로 설득되어지는 것이다.** 본인의 삶이 걸린 주거에 관한 결정, 창업에 관한 결정을 전적으로 공인중개사의 말을 믿고 결정할 수 있겠는가? 본인 스스로 결정을 내려야 하는 부분이다. 공인중개사는 그 결정을 내리는 과정에서 적절한 조력을 제공할 뿐이다. 앞에서 설명한 C B A B'처럼, 불투명했던 것들이 정리되고 명확해지면, 스스로 납득이 되고 결정이 된다. 만약, 공인중개사가 자신을 설득하려 한다고 느낀다면, 오히려 결정을 뒤로 미룰 것이다. 공인중개사에게 부담을 느낄 것이다.

스스로 내리는 결정에서, 앞에 보여준 예상 매출의 근거자료 사진은 촉매 역할을 한다. 눈으로 보이는 인접 점포의 매출은 경쟁심도 불러일으키고, 스스로 할 수 있다는 자신감도 심어준다. 스스로 설득되는 것이다. 그리고 공인중개사는 그 결심지점까지 안전하고 정확한 안내를 마무리하고 계약체결 단계로 들어가게 된다.

요약해보면, 편안한 대화로 **마중물**을 부어주고 **열심히 펌프질, 간단한 설명과 직관적인 자료를 근거로** 고객 스스로 결심에 이르게 하기. 펌프질이라는 속어를 썼지만, **펌프질은 바로 경청**과 적절한 조력의 제공이다.

"손님을 꺾는다"라는 표현을 쓰는 공인중개사를 본 적이 있다. 물론 그 표현의 진의를 이해 못하는 것은 아니었지만, 그 손님이 들었으면 기분 나쁠 수도 있으리라 생각이 든다. **클로징 단계는 고객이 의사결정을 내리고 계약의 체결에 착수하는 단계**이다.

03

깊이를 더하는 기술, 데이터 수집

우리는 데이터의 홍수 속에 살고 있다. 창업입지를 설명하면서 구인광고 사이트에서 지역별 경제활동을 유추 비교할 수 있다는 설명을 해준 적이 있다. 그리고, 앞에서는 상점 앞의 빈 병으로 매출을 가늠할 방법을 소개했다. 이제 느낌이 하나씩 올 것이다. 두 눈 크게 뜨고 찾아보면 돈 되는 데이터들이 많다. 지금부터 내가 찾은 돈 되는 데이터들을 하나씩 알아보자. 넘쳐흐르는 데이터 속에 나에게 필요한 정보들을 잘 관찰하고 수집하는 습관을 길러보자. 당신의 통찰력이 강해지고, 업무의 깊이가 깊어질 것이다.

① 사람인 지수

경력 선택 ▼ 학력 선택 ▼			
⊙ 지역(3) 서초구, 송파구, 강남구 ∧		∨ 🔍 검색어 입력	

🔍 지역명 입력

서울 (57,633) >	경기 (40,302)	☐ 서울전체	☑ 강남구 (19,382)	☐ 강동구 (1,727)
인천 (6,656)	부산 (10,900)	☐ 강북구 (580)	☐ 강서구 (3,115)	☐ 관악구 (1,744)
대구 (6,406)	광주 (2,219)	☐ 광진구 (1,561)	☐ 구로구 (3,294)	☐ 금천구 (4,469)
대전 (4,131)	울산 (2,635)	☐ 노원구 (664)	☐ 도봉구 (346)	☐ 동대문구 (1,115)
세종 (1,106)	강원 (1,806)	☐ 동작구 (1,187)	☐ 마포구 (4,208)	☐ 서대문구 (1,017)
경남 (7,250)	경북 (4,653)	☑ 서초구 (7,307)	☐ 성동구 (3,402)	☐ 성북구 (573)
전남 (1,692)	전북 (2,196)	☑ 송파구 (5,201)	☐ 양천구 (1,043)	☐ 영등포구 (4,833)
충남 (6,240)	충북 (4,700)	☐ 용산구 (1,985)	☐ 은평구 (718)	☐ 종로구 (2,073)
제주 (1,324)	전국 (602)	☐ 중구 (3,439)	☐ 중랑구 (587)	
미국 (117)	일본 (130)			
중국·홍콩 (136)	아시아·중동 (671)			
북중미 (172)	남미 (13)			
유럽 (93)	오세아니아 (11)			
아프리카 (20)	남극대륙 (0)			
기타해외 (7)				

지역의 현재 채용 규모를 알게 되면 한 달 또는 두 달, 6개월 후의 인구 변화를 미루어 짐작할 수 있다. 강남구의 경우, 지속해서 많은 사람을 채용하고 있는데, 인구의 변화가 작다는 것은 이미 주거 기능의 포화를 의미한다. "강남 불패"라는 표현을 맹목적으로 사용해도 되겠지만, 사람인 지수와 같은 참고자료를 근거로 들게 되면 훨씬 직관적인 설득력을 가지게 된다.

🔍 지역명 입력					
서울 (57,633)	경기 (40,302) >				지역 접어보기 ▲
인천 (6,656)	부산 (10,900)	☐ 경기전체	☐ 가평군 (190)	☐ 고양시 (1,049)	
대구 (6,406)	광주 (2,219)	☐ 고양시 덕양구 (885)	☐ 고양시 일산동구 (1,060)	☐ 고양시 일산서구 (633)	
대전 (4,131)	울산 (2,635)	☐ 과천시 (760)	☐ 광명시 (1,531)	☐ 광주시 (1,240)	
세종 (1,106)	강원 (1,806)	☐ 구리시 (812)	☐ 군포시 (1,191)	☐ 김포시 (1,985)	
경남 (7,250)	경북 (4,653)	☐ 남양주시 (1,391)	☐ 동두천시 (162)	☐ 부천시 (2,320)	
전남 (1,692)	전북 (2,196)	☐ 부천시 소사구 (302)	☐ 부천시 오정구 (292)	☐ 부천시 원미구 (501)	
충남 (6,240)	충북 (4,700)	☐ 성남시 (1,999)	☐ 성남시 분당구 (3,782)	☐ 성남시 수정구 (1,214)	
제주 (1,324)	전국 (602)	☐ 성남시 중원구 (1,236)	☐ 수원시 (2,066)	☐ 수원시 권선구 (964)	
		☐ 수원시 영통구 (1,372)	☐ 수원시 장안구 (331)	☐ 수원시 팔달구 (523)	
미국 (117)	일본 (130)	☐ 시흥시 (2,043)	☐ 안산시 (896)	☐ 안산시 단원구 (1,832)	
중국·홍콩 (136)	아시아·중동 (671)	☐ 안산시 상록구 (460)	☐ 안성시 (1,268)	☐ 안양시 (1,254)	
북·중미 (172)	남미 (13)	☐ 안양시 동안구 (1,695)	☐ 안양시 만안구 (586)	☐ 양주시 (443)	
유럽 (93)	오세아니아 (11)	☐ 양평군 (106)	☐ 여주시 (428)	☐ 연천군 (34)	
아프리카 (20)	남극대륙 (0)	☐ 오산시 (1,211)	☐ 용인시 (1,442)	☐ 용인시 기흥구 (1,360)	
기타해외 (7)		☐ 용인시 수지구 (669)	☐ 용인시 처인구 (1,152)	☐ 의왕시 (648)	
		☐ 의정부시 (678)	☐ 이천시 (920)	☐ 파주시 (1,205)	
		☐ 평택시 (2,875)	☐ 포천시 (422)	☐ 하남시 (1,531)	
		☑ 화성시 (5,541)			

경기도에서는 화성시가 왜 가장 성장 가능성이 큰 지역인지 보여주는 매우 편리한 지표가 된다. 화성시의 인구는 약 100만이고, 강남구의 인구는 약 55만이다. 그런데도, 강남구에서의 채용 규모가 화성시의 약 3배가 넘는다. 이를 통해 볼 때 강남구의 주거 기능에 대한 비중과 화성시의 주거 기능에 대한 비중을 간접적으로 비교해볼 수 있다.

'향남읍'에 대한 취업정보	'팔탄면'에 대한 취업정보	'봉담읍'에 대한 취업정보
채용정보 총 371건	**채용정보** 총 217건	**채용정보** 총 140건

읍면동 단위의 상세 채용 건수를 비교할 수 있다. 나아가 채용업체의 종류와 산업분류에 대한 참고자료를 만들어도 좋다. 사무실을 방

문하는 고객에게 멋지게 브리핑한다.

"아파트가 20개 단지, 16,000세대, 약 5만의 인구가 유입될 예정입니다."

이렇게 설명하는데, 도대체 그 사람들이 어디에서 왜 어떻게 오는지를 제대로 설명 못하고 어물쩍 "집값이 싸기 때문에"라고 얘기를 한다. 말로만 설명하지 말고 채용사이트에 접속해서 이런 결과를 보여주고, 설명을 곁들인다면 고객은 명쾌하게 이해하게 될 것이다.

② 폐업률

자영업자의 1년 생존율은 89%, 3년차 생존율은 60%, 5년차 생존율은 49%라고 한다. 상가를 설명할 때 나는 폐업률을 근거로 설명한다. 폐업률은 어디에 가면 조사할 수 있을까? 어디에도 지역별로 세부적인 데이터를 설명해 놓은 자료는 없다. 그래서 스스로 폐업률이라는 자료를 만들어서 활용해보았다. 방법은 간단하다. 로드뷰를 보고 1년 전, 2년 전, 3년 전, 10년 전, 15년 전 어떤 업종이 있었고, 어떻게 바뀌었는지 추적해서 조사해보는 것이었다.

방법은 간단하다. 로드뷰를 보면서 이 업체가 언제 오픈했는지 간판의 변화를 기준으로 파악해보는 것이다. 한 장의 사진으로 10~20개 업체의 업력이 파악되고, 업체별로 현재까지 운영 기간이 파악된다. 한 업체가 오랫동안 같은 자리를 지키고 있다는 것은 안정적인 상권이 형성되었다는 증거로 삼을 수 있다. 내가 있는 지역이 얼마나 장사가 잘 되는지를 설명하는 것도 중요하지만, 이 지역에 한번 자리 잡으면 꾸준히 괜찮게 영업하고 계신다는 느낌을 주는 것도 좋은 방법이다.

③ 면적 대비 용도

구슬이 서 말이라도 꿰어야 보배! 아무리 좋은 자료가 있다고 한들, 그 자료가 필요한 사람의 뇌리에 딱 꽂히지 않으면 의미가 없다.

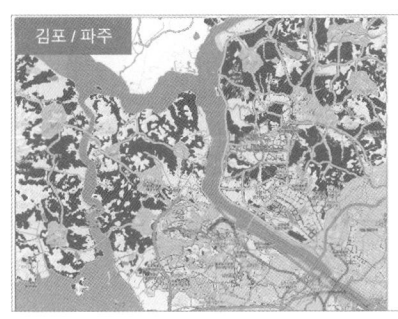 

  화성지역의 공장을 매매하기 위해 만들어본 자료이다. 수도권 정비계획법에 따라 이미 많은 공장이 수도권 외곽으로 이전을 했고, 새로 공장을 지어야 한다면 수도권 외곽의 성장관리 권역으로 이전할 수밖에 없다. 신설 공장이 산업단지로 입지하지 않고, 개별입지로 입주하는 비율이 약 80%에 달한다는 한국산업단지공단의 자료와 함께 개별입지 중에서 가장 선호하는 화성시의 계획관리지역에 대한 부분만 짙은 회색으로 표시해두었다.

  이 자료는 의외로 다른 영역에서 빛이 났다. 향남읍 주변에 일자리가 얼마나 많은지, 그리고 **향남읍이 공장지대에 갇혀서 외부로의 교통이 불편하다는 것을 보여주게 되었다.** 그래서 향남읍 내부의 상권은 외부로 유출이 없는 "항아리 상권"이라는 것을 보여주었다. 말로만 항아리, 항아리 했는데, 이렇게 멀리서 보니, 정말 오갈 곳 없이 딱 모이게 되는 "항아리 상권"이었다. 이렇게 상가분양과 관련된 효과를 거두면서 좋은 자료로 계속 활용되었다.

  사람인 지수, 폐업률, 면적 대비 용도 등등 무한히 만들 수 있다. 사람인 지수를 응용해 알바천국 지수를 만들어보기도 했다. 인구 대비 용도를 만들어볼 수도 있다. 인구 10만인 지역에서 상업용지의 면적을 비교해보자. 상업용지 중에서도 숙박 및 유흥업소가 가능한 필지의 면적을 선별해보자. 틀림없이 유의미한 돈 되는 정보를 발견할 수 있을 것이다.

04

파트너를 대하는 기술, 쉽지 않네

 화려한 성공스토리로 성공의 노하우를 알려주면 좋겠지만, 나도 매번 성공하지 못했다. 성공보다 실패가 많은 사람이다. 특히 사람을 대하는 것에 있어서는 실패가 많았던 사람이고, 아직도 실패를 통해 배우는 사람이다. 한 번 했던 실수를 두 번 반복하지는 않겠다는 각오로 지금도 현장을 대한다.

① **파트너에게 의지하지 마라.**

 내가 부동산대학원에 진학했던 시기였다. 우리 사무실은 나름 그 지역에서 인지도도 쌓여 있었고, 함께하는 구성원들의 역량도 준수했기 때문에 안정적인 운영이 가능했던 시기였다. 이 시기에 내가 부동산대학원에 진학하면서 사무실을 많이 비우게 되었다. 그만큼 파트너들에게 의지했다. 화성에서 서울까지 통학을 해야 했고, 수업을 마치면 3교시라는 이름의 모임이 새벽까지 이어졌다. 다음날 힘겹게 출근을 하더라도 업무에 많은 지장이 있었다. 주말에도 세미나와 행사들로 일정이 꽉 차 있었다.

당시 중개법인 전환을 하면서 소속공인중개사를 대표로 취임하게 했고, 중개보조원들에게 등기이사를 맡기며 회사의 주식을 나누어주었다. 믿음을 표시해야 한다고 생각했다. 나의 착각이었다. 다른 구성원들이 받아들이는 것은 내 생각과 차이가 있다. 사실 부동산사무실에 취업하는 사람들의 목적은 실무를 배워서 창업하는 목적이 99%인데, 내가 너무 순진했다. 더 큰 성장을 위해 나를 지지해줄 거라 착각한 내가 바보다.

그렇게 몇 달을 못 채우고, 중개법인의 대표를 바꾸고 주식을 환수하는 번거로운 절차를 거쳐야만 했다. 그리고 나는 대학원을 한 학기 휴학하며 회사를 다시 정비해야 했다. 이렇게 우여곡절과 파도가 생긴다. 다행인 것은 중개법인의 이사들은 모두 자신의 자리를 잘 지켜주었다는 것.

② 파트너를 존중하라.

국내의 대형 중개법인도 마찬가지일 것이다. 파트너에 대한 존중 없이는 성장할 수 없을 것이다. 파트너를 존중하는 것은 어떤 의미일까? 파트너의 기여를 인정하고, 회사가 창업주의 소유물이 아닌 파트너의 기여로 형성된다는 것을 알아야 한다. 회사에 속한 직원의 성과가 100이라면, 50을 인정할지, 70을 인정할지는 당사자 간의 이해가 가장 중요하다.

공식적으로는 50이 인정되지만, 실무자로서는 60을 인정받고 싶은 이유가 있을 것이다. 반대로 표면적으로는 60을 인정해야 하지만, 내부적으로는 50밖에 인정 안 되는 경우가 많다. 이에 대한 조율이 원만하게 이루어진다면, 조금 더 오랫동안 파트너 관계를 유지할 수 있을 것이다.

직원들이 50명, 100명 있는 중개법인들의 사정도 비슷하다. 오랜 기간 근무한 역량 있는 임원급의 공인중개사도 대표와의 관계가 틀어져서, 창업주와의 관계가 틀어져서 얼굴을 붉히며 독립하는 경우가 종종 있다. 그 누구의 잘못도 아니다. 약간의 존중이 부족한 것을 방치했기 때문에 벌어진 일이라 생각한다. 영원한 동업관계가 되는 것은 현실적인 어려움이 있다. 파트너를 존중하며, 파트너 간의 성공을 도와주고 응원하자(너무 이상적이지만, 필요한 얘기다).

③ 무한신뢰는 사람을 잃는 지름길

사람은 누구나 자신의 이익을 위해서 행동한다. 자신의 이익과 조직의 이익이 상충한다면 당연히 자신의 이익을 선택할 것이다. 자신의 이익과 조직의 이익이 나란히 있더라도, 자신의 이익을 선택할 것이다. 조직의 이익이 가까이 있고, 자신의 이익이 멀리 있더라도, 조직의 이익을 버리고 자신의 이익을 취하려 할 것이다. 욕할 필요 없다. 너라도 당연히 그렇게 할 것이다.

먼저 당신의 태도를 보자. 상대방을 진정 무한신뢰할 수 있는가?

겉으로는 무한신뢰하는 것처럼, 상대방을 끔찍이 아끼는 것처럼 말하겠지만, 본질적으로 무한신뢰를 할 수 없다. 형제도 100% 못 믿을 때가 많은데, 아무리 10년 동안 업을 같이 해왔다고 하더라도 100% 무한신뢰는 없다. 당신 스스로 좋은 사람 병에 걸려서 착한 척하는 것이다.

불가능하겠지만, 정말 순도 100%의 무한신뢰라고 생각해보자. 상대방 입장에서 과도한 신뢰는 대단히 부담스러운 상황이 된다. 당신이 파트너에게 100% 무한신뢰를 보냈다고 해서, 파트너의 결과를 100% 인정하고 감내할 수는 없다. 결과에는 마이너스의 결과도 있기 때문이다. 파트너를 무한신뢰한다지만, 사업의 손실이 있을 때, 결국 파트너에게 책임을 조금이라도 돌릴 수밖에 없을 것이다. 나 역시, 뛰어난 리더십을 가진 양, 무한한 신뢰를 직원들과 약속했다.

'직원들의 잘못은 내 책임이다.'

'내가 승인한 업무는, 내가 무조건 책임진다.'

남들이 보기에 책임감 강한 대표가 있어서 좋겠다. 저런 대표에게 배우면 정말 좋겠다고 생각한다. 정작, 현실은 그렇지 않은 경우가 많았다. 직원들은 스스로 문제의 풀이과정을 제시하지 않고 대표에게 의지한다. 대표에게 의지해야지만, 대표가 책임을 지기 때문이다. 나에게도 시간적인 부담이 컸다. 직원들의 성장을 저해하는 걸 모르고 있었다. 책임감 강한 멋있는 대표인 척하고 싶었다. 그러면, 안 된다. 무한신뢰를 보낸다는 것은 그 사람이 떠나도 괜찮다는 것을 의미한다. 이해관계가 없는 사이일 때 무한히 신뢰할 수 있는 것이다.

④ 파트너에게 과도한 책임감을 갖지 마라.

내가 부동산중개업을 잠시 쉬고 회사생활을 했던 적이 있다. 부동산중개업을 잠시 그만두었던 이유 중 하나다. **너무 큰 책임감을 버티는 것이 힘들었다.** 모든 직원이 적어도 월 300~400만 원 이상의 급여가 생겨야 한다. 직원이 5명이고, 사무실 월세며, 관리비, 식비, 운영비를 합치면 적어도 월 3,000만 원의 매출이 발생하여야 한다.

부동산이야 계약 한 건으로 3,000만 원의 매출이 발생할 수 있는 영역이긴 하지만, 그 매출도 그 성과를 달성한 사람의 몫이다. 누군가에게는 환희의 순간이 누군가에게는 터널의 입구가 될 수 있다. 대표로서 파트너에 대한 책임감으로 실적이 부족한 파트너를 계속 독려하게 된다면, 그 파트너는 부담감을 더욱 크게 느낄 것이다. 다른 파트너들도 한 파트너만 편애하는 것이라고 불평을 가지게 될 것이다.

내 회사에 근무하는 모두가 돈 잘 벌고, 성과가 좋다면 그보다 좋은 것은 없을 것이다. 다만, 그렇지 않은 상황이 벌어져도, 그 상황을 내 힘으로 해결하려고 하지 마라. 불필요한 책임감을 갖지 마라. 각자가 책임져야 하는 몫이 있는 것이다.

⑤ 끊임없이 파트너를 보강하라.

부동산중개업의 파트너는 임원, 직원이나 협력업체가 될 것이다. 많은 임직원이 있을수록 유리하다. 상황에 따라 다를 수 있지만, **5명**

의 숙련가보다, 30명의 초심자와 함께 일하는 것이 시너지가 크고 성과가 좋을 수 있다. 특히 부동산중개는 많은 경험과 노하우도 필요하지만, 그만큼 초심자의 열정과 의지도 중요한 영역이다. 30명의 초심자와 6개월, 1년 함께 일하다 보면 어느덧 숙련가가 되어 있음을 느낄 것이다. 양적, 질적 보강을 동시에 이뤄야 한다. 보강의 의미를 잘 새기자.

인사가 만사라고 했던가. 중개업뿐만 아니라, 다양한 비즈니스 파트너십을 관리하는 데도 적용될 수 있을 것이다. 나 역시, 부동산업을 하는 10년 동안 가장 힘들었던 점이 파트너 관리였다. 지금도 명쾌한 정답이 없다는 것을 알기에, 끊임없이 관리하고 긴장감을 유지하려 한다. 좋은 사람이 되려 하는 것보다, 상대방이 좋은 사람이 되게끔 내가 할 일을 하자. 쭉 읽어보니, 잘난 체 말고, 바라지 말고. 간단히 요약이 된다. 역시, 쉽지 않네.

05
법령에 대해서

　공인중개사 공부를 하는 동안 많은 법 공부를 하게 된다. 자격증을 취득한 많은 공인중개사가 생활법률에 대한 상담서비스, 법률에 대한 전문가라고 자부한다. 하지만, 현실에서 일부 중개사들은 법에 대해 무지한 경우가 많다. 법을 보지 않기 때문이다. 인터넷과 SNS에 검색해서 맞다, 틀리다를 논하고 있는 현실이다. 중개업무를 하는 동안, 모든 업무는 법령에 따라서 수행되어야 한다. **내가 하는 업무가 어떤 법령에 명시된 절차와 방법으로 수행하고 있는지 확신할 수 있다면, 최고 레벨의 중개사라고 자부해도 좋다.**

　우리나라의 법체계는 크게 헌법, 법률, 시행령, 시행규칙으로 구분된다. 조금 더 추가하자면, 지방자치단체의 의회에서 제정한 조례와 지방자치단체의 행정기관이 제정한 시행규칙이 있다. 하나하나 짚어가며 상관관계와 의미를 알아보자. 중개사 업무의 큰 줄기를 잡아줄 수 있을 것이다.

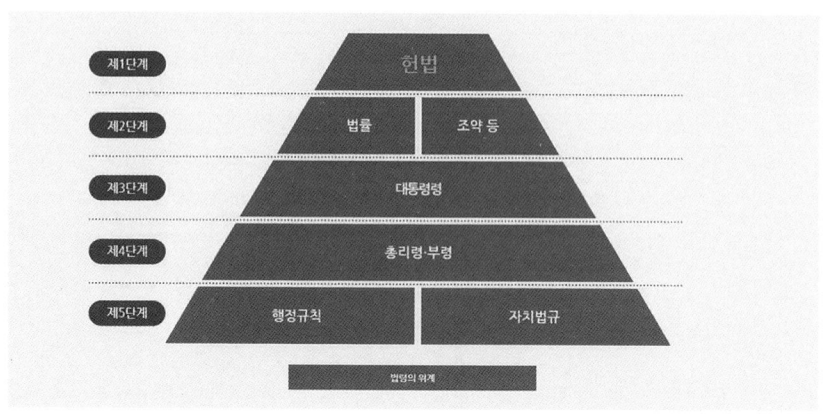

　헌법은 국가의 기본이 되는 법으로, 모든 법령의 근거가 되며 최상위에 위치한다. 우리나라의 정치적 기본질서와 법률의 기본원칙, 국가와 국민의 권리 및 의무를 정한다. 법률, 명령, 조례 등 모든 국가 법규의 기초가 되며, 모든 법규는 헌법에 부합해야 한다. 가령, 공인중개사법에 "모든 부동산 거래는 공인중개사를 통해야 한다"라는 조문이 명시된다면, 헌법에 명시하고 있는 개인의 자유와 권리 침해에 해당할 수 있다. 이렇게 개인이나 단체가 자신의 기본권이 법률에 의해 침해되었다고 판단할 경우, 헌법재판소에 **헌법소원**을 제기할 수 있다.

　반대로, "국가에서 가장 중요한 자원의 하나인 토지와 건물의 안전한 거래와 개인의 재산권 보장을 위하여 그 필요성을 인정받아 모든 부동산 거래는 공인중개사를 통해야 한다"라고 명시할 수도 있을 것이다. 진료와 처방은 의사가, 투약은 약사가, 감정평가는 감정평가사가, 부동산의 매매와 임대차 계약은 공인중개사가!

　헌법재판소는 제기된 소원에 대해 심사를 진행하고, 해당 법률조항이 헌법에 부합하는지를 판결한다. 이 과정에서 공개심리가 이루어질 수 있으며, 전문가 의견이나 공적 토론이 포함될 수 있다. 헌법재판소가 법률조항이 헌법에 위배된다고 판결할 경우를 "위헌"이라고 한다. 위헌결정이 나오게 되면, 해당 조항은 무효가 되며, 이는 즉각적인 법적 효력을 가지게 된다. 일반적으로 소급(과거로 되돌려 적용) 효력을 인정하지 않지만, 특별한 경우 헌법재판소에서 소급 효력을 인정할 수도 있다. 아울러, 법률 개정이나 새로운 법률 제정을 통해 헌법에 부합하도록 조정하여야 한다.

국가의 최상위 법인 헌법을 고치는 일을 "개헌"이라고 한다. 대통령 또는 국회의원이 개헌안을 발의하게 되면, 국회 의결을 통해 재적의원 3분의 2 이상 찬성을 얻은 후, 국민투표를 진행하게 된다. 국민투표는 선거권자 과반수의 투표와 투표자 과반수의 찬성으로 개헌안이 확정된다. 개헌안이 확정되면, 대통령은 즉시 공포하고, 공포와 동시에 발효된다.

우리가 흔히 말하는 "법"은 "법률"을 말한다. 법률은 국회에서 제정된다. 법률은 사회의 질서를 유지하는 데 필요한 구체적인 법의 내용을 담고 있다. 입법은 정부, 국회의원, 국민의 청원에 의해서 이루어진다. 정부가 법률안을 제출하는 것을 "정부 입법"이라 하고, 국회의원이 법률안을 발의하는 것을 "의원 입법"이라 한다.

제안된 법률안은 국회에서 심의를 거쳐 표결을 통해 의결된다. 재적의원 과반수 출석, 출석의원 과반수 찬성으로 국회 본회의를 통과

한 법률안은 공포를 위하여 정부에 이송된다. 정부의 법제처는 법률 공포안을 작성하여 국무회의에 상정한다. 국무회의의 심의를 마치고 대통령이 재가 후, 공포된다.

이때, 대통령이 법률안에 대하여 거부권을 행사할 수 있다. 대통령은 국회에서 이송되어 온 법률안에 이의가 있을 때, 국회로 환부하고 재의를 요구할 수 있다. 재의 요구된 법률안은 국회에서 재의에 부친 결과 재적의원 과반수의 출석과 출석의원 3분의 2 이상의 찬성으로 전과 같은 의결을 하면, 법률로 확정되고, 대통령은 확정된 법률을 지체 없이 공포하여야 한다.

대통령령(시행령)은 법률의 시행을 위해 만들어지는 것으로 "시행령"이라고 한다. 각 중앙행정기관에서 대통령령안을 만든다. 총리령과 부령은 "시행규칙"이라고 한다. 대통령령의 시행을 위해 만들어지는 것으로, 총리소속기관이 마련하는 것을 "총리령", 중앙행정기관(장관)이 마련하는 것을 "부령"이라고 한다. 법률이 공포되면, 법률과 연계되어 있는 시행령, 시행규칙을 만들고 변경하게 된다. 절차에 따라 입법 예고 후, 담당 부처에서 공포하게 된다.

법률안이 국회에서 정부로 이송되어 국무회의의 심의를 거쳐 대통령의 재가를 받거나, 대통령령안이 국무회의의 심의를 거쳐 대통령의 재가를 받은 경우에는 그 법률안 및 대통령령안은 법제처에서 공포번호를 부여한 후 행정안전부에 공포를 위한 관보 게재 의뢰를 하여 공포하게 된다. 법률안 및 대통령령안은 관보에 게재되어 공포됨으로써 각각 법률 및 대통령령으로서 성립하게 된다. 부령 및 총리령은 법제처 심사가 완료된 후 소관 부처에서 해당 부령의 공포번호를 부여하고(총리령의 경우에는 국무총리의 결재를 받고, 법제처에서 공포번호를 부여한다) 행정안전부에 공포를 위한 관보 게재 의뢰를 하여 공포하게 된다.

중개업무에서 법과 관련된 용어를 다루다 보면, "법령집"을 찾아보는 경우가 종종 있다. 이때 말하는 법령집이 법률과 시행령을 이해하기 쉽게 요약해 놓은 정보지라고 볼 수 있다.

법률에 근거하여 대통령령, 총리령, 부령이 완성되면 이를 근거로 지방자치단체는 법령의 범위 안에서 그 권한에 속하는 사무에 관하여 지방의회가 조례를 정하고, 지방자치단체의 장이 규칙을 정한다. 조례와 규칙은 "자치법규"라고 하며, 자치법규의 효력은 관할지역에 한정된다. 중개업을 하면서 가장 대표적으로 활용되는 조례가 "도시계획조례"이다. 도시계획조례에서 용도지역별 건축 가능한 건물, 건폐율과 용적률을 규정하고 있다.

행정규칙은 행정조직에서 내부적으로 사용하는 규율이다. 훈령, 지시, 예규, 고시, 공고 등이 행정규칙에 해당한다. 재량준칙도 행정규칙에 속한다. 재량준칙은 하급행정기관이 재량처분을 하는 데 있어서, 재량권 행사의 일반적인 기준을 제시하기 위한 규칙을 말한다. 건축법령을 위반한 건축물에 대하여 부과되는 이행강제금 및 고발 등의 행정조치와 관련하여 그 부과 횟수 등이 명확하지 않고, 지자체마다 다소 차이가 있는 것도 재량권의 범위와 관련되어 있다. 법의 테두리 안에서 지자체장 또는 그 담당자의 재량 범위에서 업무를 다루기 위해서 그 재량권이 어떤 과정으로 어떻게 얼마나 부여되었는지 잘 알고 있는 것도 인허가 업무를 잘하는 방법이다.

부동산중개업무와 관련하여 중요한 법률로는 「공인중개사의 업무 및 부동산 거래신고에 관한 법률」(이하 "공인중개사법"), 「민법」이 있다. 「세법」, 「등기법」, 「상법」과 같은 법률도 부동산 중개실무에 있어 참고 되는 요소가 많다. 특히 민법의 특례규정을 담은 「주택임대차보호법」과 「상가건물 임대차보호법」을 완벽하게 숙지하고 적용할 수 있어야, 진정한 중개사라고 할 수 있다.

임대차보호법의 경우, 특별법의 대표적인 예이다. 특별법은 일반법에 대한 특례를 규정한 것으로 일반법보다 특례를 규정한 것이 우선된다. 즉, 일반법으로 규정하고 있는 내용을 특별법으로 다르게 적용할 수 있다. 도시 및 주거환경정비법으로 건폐율과 용적률을 완화하는 사례를 예로 들 수 있다.

임대차보호법에서는 민법에 위배되더라도 임차인을 보호하기 위한 장치들이 있다. 대표적으로 채권인 임차권을 물권화하기 위한 "대항력"을 두었다. 물권과 채권이 충돌할 때는 물권이 우선한다는 원칙으로부터 임차인을 보호하고자 특별법으로 규정한 것이다.

임대차보호법의 중요한 특징 중 하나인 편면적 강행규정에 대하여, 자격증 공부를 하면서 수도 없이 보았을 것이다. 주임법, 상임법에 위반된 약정으로서, 임차인에게 불리한 것은 그 효력이 없다고 명시하고 있다. 편면적 강행규정을 적용하면서, 계약서의 특약사항 적용에 있어서 신중하게 처리해야 한다. 당사자의 유불리와 임대차보호법의 적용에 대한 충분한 이해와 설명을 통해 특약이 작성되어야 한다. 이 책 시리즈 2권인 「부동산 계약서의 기술」 제4장 〈특약의 정밀 기술〉에서 자세하게 다뤄보자.

이렇게 법령의 체계를 머릿속에 넣어두면, 업무를 하는 큰 줄기를 잡을 수 있다. 내가 하는 업무의 근거를 찾을 때, 세부지침을 찾을 때, 정확하게 일하고 싶을 때 많은 도움이 된다. 상식적인 내용일 수도, 조금 생소한 내용일 수도 있다. 충분히 여러 번 읽고 적용해보면서 익혀둘 필요가 있다.

06
판례를 보는 법

　판례를 이해하고 해석하는 방법을 잘 알고 있는 것은 중개사의 능력치를 극대화해준다. 판례는 법률을 해석하고 적용하는 과정에서 중요한 역할을 한다. 특히 법률이 명확하지 않거나 새로운 사회적 이슈에 대응해야 할 때, 판례는 중요한 법적 지침을 제공한다. 법적 원칙과 이론을 실제 사건에 적용하는 방법을 보여주므로, 중개업무에 많은 참고가 된다.

　판례를 분석하고 이해할 때는 사건의 전체적인 맥락을 먼저 파악해야 한다. 사건의 배경과 당사자, 사실관계를 이해하여야 한다. 그리고 쟁점이 무엇인지 식별하여야 한다. 법원은 쟁점에 관한 판단을 내린다. 법원의 판결에 영향을 준 법적 근거가 무엇인지 확인을 해야 이 판례를 중개사 업무에 적용할 수 있을지 여부가 결정된다. 특히, 판례와 법령해석이 약간의 견해 차이가 있는 경우도 있다. 법원의 판결에 영향을 준 법적 근거를 반드시 확인해야 한다. 공인중개사법 제33조

6호의 자기계약 금지에 대한 판례를 예를 들어보자.

〈1〉 헌재 2019. 11. 28. 선고 2016헌마188 [공인중개사법 제33조 제6호 위헌확인]에서 중개법인에 소속된 중개보조원과 중개의뢰인의 거래 시, 공인중개사법 제33조 6호의 직접 거래에 해당하는 위헌확인을 청구한 적이 있다. 결과는 기각이었다. 어쩌면 당연한 결과이다. 법률로써 중개보조원의 행위는 개업공인중개사의 행동으로 간주한다. 또한, 직접 거래를 금지하고 있는 공인중개사법의 취지를 볼 때, 거래당사자 일방이 비대칭적인 정보나 공인중개사의 기만에 의한 피해를 방지하기 위해 직접 거래 금지조항이 들어가 있다.

2019. 11. 28. 선고 2016헌마188 전원재판부 결정
[공인중개사법 제33조 제6호 위헌확인] [헌공278, 1337]

헌법재판소

판시사항
가. 부동산중개법인이 그 소속 중개보조원의 기본권 침해를 이유로 헌법소원심판청구를 할 수 있는지 여부(소극)
나. 중개보조원이 중개의뢰인과 직접 거래하는 것을 금지하고 있는 공인중개사법(2014. 1. 28. 법률 제12374호로 개정된 것) 제33조 제6호 중 해당 부분(이하 '심판대상조문'이라고 한다)이 부동산중개법인의 직업수행의 자유를 침해하는지 여부(소극)

결정요지
가. 원칙적으로 헌법상 보장된 기본권을 직접 침해당한 사람만이 헌법소원심판절차에 따라 권리구제를 청구할 수 있는 것이고, 법인과 그 소속 구성원 또는 직원은 서로 별개의 독립된 기본권 주체이어서 그 소속 구성원 또는 직원의 기본권이 침해당하였다고 하여 법인이 그를 위하여 또는 그를 대신하여 헌법소원심판을 청구하는 것은 원칙적으로 허용되지 않음으로, 부동산중개법인이 그 소속 중개보조원의 기본권 침해를 이유로 헌법소원심판을 청구할 수는 없다.

나. 중개보조원이 중개의뢰인과 직접 거래하는 것을 금지하고 있는 심판대상조문으로 인하여 부동산중개법인이 중개보조원과 중개의뢰인 사이의 거래를 중개할 수 없게 되어 중개법인의 직업수행의 자유가 제한되는 면은 있다. 그러나 심판대상조문은 중개보조원과 중개의뢰인 사이의 직접 거래로 인해 중개의뢰인의 이익을 해하거나 부동산 거래 질서의 공정성이 침해되는 것을 방지하기 위한 규정으로 그 입법목적의 정당성 및 수단의 적합성이 인정되고, 다른 방법으로는 이러한 위험을 심판대상조문과 동일한 수준에서 방지할 수 있다고 단정할 수 없어 심판대상조문이 필요한 정도를 넘어 중개법인의 직업수행의 자유를 과도하게 제한하는 것이라고 보기도 어렵다. 또한 보호하고자 하는 법익은 중대한 공익인 반면, **중개법인의 직업수행 영역 중 극히 일부가 금지되는 것에 불과하여 법익의 균형성 원칙에도 위배되지 않는다.** 따라서 심판대상조문은 직업수행의 자유를 침해하지 않는다.

심판대상조문
공인중개사법(2014. 1. 28. 법률 제12374호로 개정된 것) 제33조 제6호 중 '중개보조원이 중개의뢰인과 직접 거래를 하는 행위'에 관한 부분

참조조문
헌법 제15조
헌법재판소법(2011. 4. 5. 법률 제10546호로 개정된 것) 제68조 제1항
공인중개사법(2014. 1. 28. 법률 제12374호로 개정된 것) 제2조, 제10조 제3항

참조판례
가. 헌재 2002. 10. 31. 2002헌마20, 판례집 14-2, 554, 560헌재 2008. 11. 27. 2006헌마1244, 공보 제146호, 1813, 1819
나. 헌재 2004. 10. 28. 2002헌바41, 판례집 16-2하, 138, 149-150헌재 2009. 3. 26. 2007헌마988, 2008헌마225(병합), 판례집 21-1상, 701헌재 2011. 2. 24. 2009헌바13등, 판례집 23-1상, 53, 67

청구인
유한회사 ○○
대표자 이사 최○○

주문
이 사건 심판청구를 기각한다.

이유
1. 사건개요
청구인은 2016. 1. 21. 개설 등록된 부동산중개법인으로서, 소속 중개보조원이 소유하고 있는 부동산을 제3자에게 중개하기 위하여 그 허용 여부를 관계부처인 국토교통부에 문

의하였다. 국토교통부는 2016년 2월경 "중개보조원을 고용한 개업공인중개사가 그 중개보조원 소유 부동산을 중개하여 중개보조원과 중개의뢰인 사이에 거래를 성사시킨 경우 그 중개보조원과 중개의뢰인 사이의 거래는 공인중개사법 제33조 제6호가 금지하는 직접 거래에 해당하여 관련 처벌을 받을 수 있다"라는 취지의 답변을 하였다. 이에 청구인은 중개보조원이 중개의뢰인과 직접 거래하는 행위를 금지하고 있는 공인중개사법 제33조 제6호로 말미암아 청구인 소속 중개보조원의 재산권, 직업의 자유, 평등권 등을 침해받고 있다고 주장하며, 2016. 3. 9. 이 사건 헌법소원심판을 청구하였다.

2. 심판대상
이 사건 심판대상은 공인중개사법(2014. 1. 28. 법률 제12374호로 개정된 것) 제33조 제6호 중 '중개보조원이 중개의뢰인과 직접 거래를 하는 행위'에 관한 부분(이하 '심판대상조항'이라고 한다)이 청구인의 기본권을 침해하는지 여부이다. 심판대상조항과 관련 조항은 다음과 같다.

[심판대상 조항]
공인중개사법(2014. 1. 28. 법률 제12374호로 개정된 것)
제33조(금지행위) 개업공인중개사등은 다음 각 호의 행위를 하여서는 아니 된다.
6. 중개의뢰인과 직접 거래를 하거나 거래당사자 쌍방을 대리하는 행위

[관련 조항]
공인중개사법(2014. 1. 28. 법률 제12374호로 개정된 것)
제2조(정의) 이 법에서 사용하는 용어의 정의는 다음과 같다.
1. "중개"라 함은 제3조의 규정에 의한 중개대상물에 대하여 거래 당사자 간의 매매·교환·임대차 그 밖의 권리의 득실 변경에 관한 행위를 알선하는 것을 말한다.
4. "개업공인중개사"라 함은 이 법에 의하여 중개사무소의 개설등록을 한 자를 말한다.
5. "소속공인중개사"라 함은 개업공인중개사에 소속된 공인중개사(개업공인중개사인 법인의 사원 또는 임원으로서 공인중개사인 자를 포함한다)로서 중개업무를 수행하거나 개업공인중개사의 중개업무를 보조하는 자를 말한다.
6. "중개보조원"이라 함은 공인중개사가 아닌 자로서 개업공인중개사에 소속되어 중개대상물에 대한 현장안내 및 일반 서무 등 개업공인중개사의 중개업무와 관련된 단순한 업무를 보조하는 자를 말한다.
제10조(등록의 결격사유 등) ③ 등록관청은 개업공인중개사·소속공인중개사·중개보조원 및 개업공인중개사인 법인의 사원·임원(이하 "개업공인중개사등"이라 한다)이 제1항 제1호부터 제11호까지의 어느 하나에 해당하는지 여부를 확인하기 위하여 관계기관에 조회할 수 있다.

3. 청구인의 주장요지
심판대상조항은 그 적용 대상자를 '개업공인중개사등'이라고만 규정하고 있는데, 여기서

'등'의 범위가 명확하지 않아 구체적인 수범자가 누구인지 알기 어렵다. 그 결과 주무관청인 국토교통부조차 개업공인중개사 소속 중개보조원 소유의 부동산 거래에 대해 '금지되는 직접 거래'에 해당하지 아니한다고 답변했다가 다시 해당한다고 답변하는 등 혼선이 초래되고 있으므로, 심판대상조항은 명확성 원칙에 반한다. 또한 **심판대상조항은 개업공인중개사뿐만 아니라 중개보조원까지 재산권 거래를 제한함으로써 최소 침해성과 법익의 균형성에 반한다. 따라서 청구인에게 소속된 중개보조원의 재산권, 평등권, 직업의 자유, 행복추구권을 침해한 것으로 위헌이다.**

4. 적법요건에 대한 판단
가. 법적 관련성
청구인은 부동산중개법인인데 심판대상조항이 청구인 소속 중개보조원의 재산권, 평등권, 직업의 자유, 행복추구권을 제한하고 있다고 주장하며 이 사건청구를 하였다. 그러나 원칙적으로 헌법상 보장된 기본권을 직접 침해당한 사람만이 헌법소원심판절차에 따라 권리구제를 청구할 수 있는 것이고, 법인과 그 소속 구성원 또는 직원은 서로 별개의 독립된 기본권 주체이므로, 그 소속 구성원 또는 직원의 기본권이 침해당하였다고 하여 법인이 그를 위하여 또는 그를 대신하여 헌법소원심판을 청구하는 것은 원칙적으로 허용되지 아니한다(헌재 2002. 10. 31. 2002헌마20; 헌재 2008. 11. 27. 2006헌마1244 등 참조). 따라서 청구인이 소속 중개보조원의 기본권 침해를 이유로 이 사건청구를 할 수는 없다.
다만 헌법재판소의 심판에 있어서는 반드시 그 청구서에 표시된 권리에 구애되는 것이 아니라 청구인이 주장하는 침해된 기본권과 침해의 원인이 되는 공권력의 행사를 직권으로 조사하여 판단할 수 있는 것인데(헌재 1997. 1. 16. 90헌마110등), 심판대상조항이 중개보조원과 중개의뢰인 사이의 직접 거래를 금지함에 따라 청구인은 자신의 중개의뢰인과 중개보조원 사이의 거래를 중개할 수 없게 되었으므로, 적어도 법인인 청구인의 직업수행의 자유(영업의 자유) 등을 제한하고 있다고 판단되고, 이러한 측면에서 직권으로 청구인에게 자기관련성을 인정할 수 있다.

나. 권리보호의 이익
헌법소원은 국민의 기본권 침해를 구제하는 제도이므로, 그 심판청구가 적법하다고 하려면 그 제도의 목적상 권리보호의 이익이 있어야 한다. 그러므로 심판청구 당시 권리보호의 이익이 인정되더라도, 심판 계속 중에 생긴 사정변경 즉 사실관계 또는 법령제도의 변동으로 말미암아 권리보호의 이익이 소멸 또는 제거된 경우에는 원칙적으로 심판청구는 부적법하게 된다(헌재 1994. 8. 31. 92헌마126 참조).
그런데 청구인은 2018. 1. 4. 공인중개사법 제21조 제1항에 기한 중개사무소 폐업신고를 하였는 바, 이와 같이 폐업신고를 한 경우 다시 중개사무소 개설등록을 하기 전까지는 중개업 자체를 영위할 수 없으므로, 더 이상 심판대상조항이 적용되지 않아 심판대상조항으로 인한 기본권 제한상황이 종료되었다고 할 것이다. 따라서 권리보호 이익은 소멸하였다.

다만 헌법소원심판청구가 청구인의 주관적 권리구제에는 도움이 되지 않는다 하더라도,

그러한 침해행위가 앞으로도 반복될 위험이 있거나 당해 분쟁의 해결이 헌법질서의 수호·유지를 위하여 긴요한 사항이어서 헌법적으로 그 해명이 중대한 의미를 지니고 있는 경우에는 예외적으로 심판청구의 이익을 인정할 수 있는데(헌재 1996. 11. 28. 92헌마108 참조), 심판대상조항에 대해 아직 헌법적으로 해명된 바 없고, 향후에도 계속하여 심판대상조항으로 인해 청구인과 같은 개업공인중개사의 기본권이 제한될 것이므로, 심판의 이익은 있다고 할 것이다.

다. 소결론
따라서 이 사건 심판청구는 적법하다.

5. 본안 판단
가. 쟁점의 정리
앞서 본 바와 같이 심판대상조항은 청구인의 직업의 자유의 한 내용인 직업수행의 자유 또는 영업의 자유를 제한하고 있다고 보이므로, 이에 대하여 판단할 필요가 있다. 다만 청구인은 심판대상조항 중 '개업공인중개사등'에 중개보조원이 포함되는지 여부가 불명확하다는 이유로 명확성의 원칙 위반도 주장하고 있으나, 공인중개사법 제10조 제3항을 보면 위 '개업공인중개사등'에 중개보조원이 포함됨은 법 문언상 명백하고, 청구인의 위 주장은 법률문언에 대한 오해에 기인한 것이라고 보이므로, 이에 대하여는 별도로 판단하지 아니한다.

나. 심판대상조항의 입법연혁 및 입법취지
심판대상조항과 같이 공인중개사 및 중개보조원이 중개의뢰인과 직접 거래하는 것을 금지하는 조항은 구 부동산중개업법이 제정될 당시부터 존재하였다. 중개의뢰인과의 직접 거래를 금지한 최초 법률인 구 부동산중개업법은, 부동산 거래를 건전한 방향으로 지도·육성하고 부동산중개업을 적절하게 규제함으로써 부동산 거래의 공정을 확보하여 국민의 재산권을 보호하려는 목적에서 종전 소개영업법을 폐지하고 제정된 것인데, 특히 종래의 소개영업자가 부동산 거래 질서를 문란하게 함으로써 부동산투기 등의 사회문제를 야기했던 점을 고려하여, 제15조에서 '중개의뢰인과의 직접 거래'를 포함하여 영업과 관련된 행위 중 일정한 행위를 금지하였다.
더욱이 구 부동산중개업법에 대한 최초 정부 제안에는 제15조 금지행위의 수범자로 중개업자만 규정되어 있었으나, 소위원회 심사 당시 "중개보조원의 위법행위가 충분히 예상된다"라는 이유로 중개보조원에게도 위 제15조를 적용하는 것으로 수정되어 의결되었다. 위 구 부동산중개업법이 수회 개정되어 현 공인중개사법이 시행되고 있는데, 현 공인중개사법 역시 구 부동산중개업법의 취지를 승계하여 공인중개사법(이하 '법'이라고 한다) 제1조에서 공인중개사의 업무 등에 관한 사항을 정하여 그 전문성을 제고하고 부동산중개업을 건전하게 육성하여 국민 경제에 이바지함을 목적으로 한다고 규정하면서, 법 제33조에서 중개보조원을 포함한 개업공인중개사등이 중개의뢰인과 직접 거래하는 것을 금지하는 외에 ① 중개대상물의 매매를 업으로 하는 행위 ② 중개대상물의 거래상 중요사항에 관하여 거짓된 언행, 그 밖의 방법으로 중개의뢰인의 판단을 그르치게 하는 행위 ③ 관계 법령에서 양도·알선 등이 금지된 부동산의 분양·임대 등과 관련 있는 증서 등의 매매·교환 등을 중개하거나 그 매매를 업으로 하는 행위 ④ 거래 당사자 쌍방을 대리하는 행위 ⑤ 탈세 등 관계 법령을 위반할 목적으로 소유권보존등기 또는 이전등기를 하지 아니한 부동산이나 관계 법령의 규정에 의하여 전매 등 권리의 변동이 제한된 부동산의 매매를 중개하는 등 부동산투기를 조장하는 행위 등을 금지하고 있다.

그렇다면 이러한 입법 경과와 법 제33조에서 금지되는 다른 행위유형 등에 비추어볼 때, 심판대상조항의 입법취지는 '개업공인중개사등이 중개의뢰인과의 직접 거래를 기화로 자신의 우월적인 지위를 이용하여 중개대상물의 공정한 가격 형성을 왜곡시킴으로써 중개의뢰인의 이익을 해하거나 부동산 가격 급등 또는 부동산투기를 야기하는 등 부동산 거래 질서의 공정성을 해할 우려가 있어 이를 방지하기 위한 것'으로 판단된다.

다. 직업의 자유 침해 여부
(1) 심사기준
심판대상조항은 위와 같은 입법목적을 위해 중개보조원과 중개의뢰인의 직접 거래를 금지하고 있는데, 그 결과 청구인으로서는 자신의 중개의뢰인과 중개보조원의 거래를 중개할 수 없게 되는 제한을 받게 된다. 이는 청구인의 영업활동 중 일부 유형을 제한하고 있는 것이어서 직업수행의 자유 제한에 해당하므로, 직업 선택의 자유에 비하여 상대적으로 그 침해의 정도가 작기 때문에 이에 대하여는 공공복리 등 공익상의 이유로 비교적 넓은 법률상의 규제가 가능하다. 다만 직업수행의 자유를 제한할 때에도 헌법 제37조 제2항에 의거한 비례의 원칙에 위배되어서는 안 되므로(헌재 2004. 10. 28. 2002헌바41 등 참조), 이하에서는 이를 전제로 직업수행의 자유 침해 여부를 살펴본다.

(2) 목적의 정당성 및 수단의 적합성
부동산은 ① 물리적인 고정성 ② 표준화가 불가능한 상품의 비표준성 ③ 공급의 한정성 ④ 가격에 대한 기대심리로 인해 일반적인 경제현상과 다른 수요증가 현상이 나타나는 특성 등이 있어 부동산 거래에 일반 시장원리가 적용되기 어렵고, 거래 성사 여부가 거래 당사자의 개별 사정, 주변 시장상황 등에 큰 영향을 받을 뿐만 아니라 그 거래 또한 빈번하게 이루어지지 않기 때문에 부동산의 객관적인 가치확인이 매우 어렵다는 특성이 있다. 여기에 개업공인중개사등은 부동산 거래에 영향을 미치는 각종 지식, 정보수집력 등에 있어서 그 중개의뢰인보다 우월적인 지위에 있다는 점을 보태어 보면, 부동산 거래에 있어 개업공인중개사등이 그 가격결정에 미치는 영향은 다른 거래에 비하여 현저히 크다고 할 것이다.
그런데 만약 이러한 개업공인중개사등이 중개의뢰인과 직접 거래를 할 수 있게 된다면 자신의 이익을 위해 이러한 우월적인 지위를 이용하여 중개대상물의 가격을 왜곡시켜 형성할 위험이 존재하고, 이는 위 부동산의 특성으로 인해 부동산 가격 급등 또는 부동산투기로 이어져 부동산 거래 질서의 공정성을 해하는 결과를 초래할 우려가 있다. 오늘날 부동산 거래가 거래당사자뿐만 아니라 국가 경제질서 및 사회질서에도 매우 큰 영향을 미치는 점을 고려할 때, 이러한 위험을 방지해야 할 필요성은 충분히 인정된다.

더욱이 중개보조원 자신이 직접 중개의뢰인을 상대하며 중개보조원 자신과의 직접 거래를 성사시키는 경우는 물론, 개업공인중개사, 소속공인중개사 등이 중개의뢰인과 중개보조원의 거래를 중개하여 중개보조원과 중개의뢰인 사이에 직접 거래가 이루어지는 경우에도 그 중개보조원의 이익을 위해 중개의뢰인의 이익을 해하거나 공정한 부동산 거래 질서를 해할 위험이 있음은 마찬가지이다. 따라서 그 소속 중개보조원에 대해서도 중개의뢰인과의 직접 거래를 금지하고 있는 심판대상조항은 이러한 위험을 방지하기 위한 것으로서 그 목적의 정당성이 인정되고, 수단의 적합성 또한 인정된다.

(3) 침해의 최소성
이와 관련하여 입법목적 달성이 필요하다고 하더라도 개업공인중개사등의 직접 거래를 일괄적으로 금지시킬 것이 아니라 가격조작, 허위 정보제공 등 개별 불법적인 거래유형만 금지시키면 충분하다는 주장이 제기될 수도 있다. 그러나 개별 불법적인 거래유형만을 금지하는 것은 객관적 가치의 확인이 어려운 부동산 거래의 특성, 개별 부동산 거래의 비공개성, 거래 당사자의 내심 또는 의도를 객관적으로 증명하기가 어려운 점 등으로 인해 그 실제 적용에 있어서 상당한 어려움이 있을 것으로 예상된다. 반면, 불법적인 거래행위로 인한 이득은 상당히 큰 규모일 것으로 예상되므로, 결국 위 개별유형 금지방식으로는 심판대상조항과 동일한 수준으로 입법목적을 달성할 수 있는지가 불분명하다.
또한 오늘날 부동산가격 정보공개 사이트가 활성화되고 있기는 하나, 그 대상이 아파트, 오피스텔과 같은 어느 정도 규격화된 대상물로 한정되어 있는 상황이고, 위 규격화된 대상물 역시 거래 수 자체가 많은 것은 아니어서 제한된 수의 거래가격만을 표본으로 하는 문제점이 있는 등 그 가격정보 제공방법만으로는 개업공인중개사등의 직접 거래로 인한 위험을 심판대상조항과 동일한 수준에서 방지할 수 있다고 단정하기 어렵다. 이러한 점들을 종합해보면, 심판대상조항이 입법목적을 달성하기 위하여 필요한 정도를 넘어 직업수행의 자유를 과도하게 제한하는 것이라고 보기도 어렵다.

(4) 법익의 균형성
심판대상조항이 보호하고자 하는 법익은 중개의뢰인의 이익보호 및 부동산 거래 질서의 공정성 확보로서 중대한 공익이고, 심판대상조항으로 인하여 제한되는 사익은 개업공인중개사의 직업수행 영역 중 극히 일부가 금지되는 것에 불과하므로, 법익의 균형성에도 반하지 아니한다.

(5) 소결론
따라서 심판대상조항은 청구인의 직업의 자유를 침해하지 아니한다.

6. 결론
그렇다면 **이 사건 심판청구는 이유 없어 기각**하기로 하여 관여 재판관 전원의 일치된 의견으로 주문과 같이 결정한다.

<2> 공인중개사가 중개보조원의 의뢰를 받아 중개보조원 소유의 부동산 매매를 중개한 경우, 중개의뢰인과의 직접 거래에 해당하지 않는다는 판례도 있다. (서울행정법원_2020구합54982) 이 경우에는 매도인은 중개보조원이었고, 중개사무소의 대표가 중개하였다. 매수인은 타 중개업소에서 연결되어 공동중개로 중개 계약이 이루어진 상태다.

2020구합54982 업무정지처분취소

서울행정법원 제2부

판결

사건 2020구합54982 업무정지처분취소
원고
피고
변론 종결 2021. 2. 4.
판결 선고 2021. 3. 16.

주문

1. 피고가 2020. 2. 14. 원고에 대하여 한 업무정지처분을 취소한다.
2. 소송비용은 피고가 부담한다.

청구취지

주문과 같다.

이유

1. 처분의 경위
가. 원고는 2015. 11. 18. 'X공인중개사사무소'라는 상호로 중개사무소 개설등록을 마치고 이를 운영하고 있는 개업공인중개사로서, 2015. 11. 25. C에 대한 중개보조원 고용신고를 마쳤다.

나. C는 2019. 8. 24.경 매수인 D, E와 사이에 서울 **구 **동 ****아파트 ○○○동 ○○○호(이하 '이 사건 아파트'라 한다)에 관한 매매계약을 체결하였는데, 위 매매계약서에는 원고와 'Y부동산중개사무소'를 운영하는 공인중개사 I가 중개인으로 기재되어 있다.

다. 피고는 원고가 구 공인중개사법(2019. 8. 20. 법률 제16489호로 개정되기 전의 것, 이하 같다) 제33조 제6호의 중개의뢰인과 직접 거래 금지의무를 위반하였다는 이유로, 2020. 2. 14. 구 공인중개사법 제39조 제1항 제11호, 구 공인중개사법 시행규칙(2021. 1. 12. 국토교통부령 제805호로 개정되기 전의 것) 제25조 제1항 [별표 2]에 근거하여 원고에 대해 업무정지 3월(2020. 2. 21.부터 2020. 5. 20.까지)의 처분(이하 '이 사건 처분'이라 한다)을 하였다.

2. 처분의 적법 여부
가. 원고의 주장 요지 : 이 사건 처분은 아래와 같은 사유로 위법하므로 취소되어야 한다.
1) 이 사건 처분 당시 그 처분 사유가 구체적으로 제시되지 않았으므로 행정절차법 제23조를 위반한 하자가 있다.
2) 이 사건 아파트의 매수인들 D, E는 I에게 중개의뢰를 하였을 뿐 원고나 C에게 중개의뢰를 하지 않았으므로 이 사건 처분 사유가 존재하지 않는다.

나. 판단
1) 처분의 이유제시 의무 위반 여부
가) 행정절차법 제23조 제1항은 행정청이 처분을 하는 때에는 당사자에게 그 근거와 이유를 제시하도록 규정하고 있고, 이는 행정청의 자의적 결정을 배제하고 당사자로 하여금 행정구제절차에서 적절히 대처할 수 있도록 하는 데 그 취지가 있다. 따라서 처분서에 기재된 내용과 관계 법령 및 당해 처분에 이르기까지의 전체적인 과정 등을 종합적으로 고려하여, 처분 당시 당사자가 어떠한 근거와 이유로 처분이 이루어진 것인지를 충분히 알 수 있어서 그에 불복하여 행정구제절차로 나아가는 데에 별다른 지장이 없었던 것으로 인정되는 경우에는 처분서에 처분의 근거와 이유가 구체적으로 명시되어 있지 않았다 하더라도 그로 말미암아 그 처분이 위법한 것으로 된다고 할 수는 없다(대법원 2013. 11. 14. 선고 2011두18571 판결 등 참조).

나) 피고는 2019. 12. 24.경 「부동산 거래관리시스템 상시모니터링」에 따른 실거래가 신고 정밀조사 과정에서 이 사건 아파트의 매도인 C가 원고의 중개보조원으로 확인되자 원고의 직접 거래 금지의무 위반 여부에 대해 조사를 개시한 사실, 피고는 그 무렵 원고에게 C 소유의 이 사건 아파트를 중개한 사실과 관련하여 중개 여부, 중개의뢰인, 중개를 한 이유, C의 고용 시기, 중개보수의 수령 여부 등을 서면질문하였고, 원고는 2020. 1. 9.경 피고에게 해당 질문의 답변을 기재한 '사실확인(진술)서'를 제출한 사실, 이 사건 처분 통지서에는 '처분의 원인이 되는 사실'로 "개업공인중개사등이 중개의뢰인과 직접 거래 ※ 공인중개사법 제33조(금지행위)"가 기재되어 있고, '법적 근거 및 조문내용'으로 "공인중개사법 제39조 제1항 제11호 및 동법 시행규칙 제25조 제1항 [별표 2]"가 기재되어 있는 사실이 인정되는 바, 이에 의하면, 원고로서는 조사내용과 이 사건 처분 통지서의 내용 등을 종합하여 처분의 근거와 이유를 충분히 알 수 있었고, 그에 불복하여 행정구제절차로 나아가는 데에 별다른 지장이 없었다고 봄이 상당하므로, 피고가 이 사건 처분을 함에 있어 이유제시 의무를 위반하였다고 볼 수 없다.
다) 따라서 원고의 이 부분 주장은 이유 없다.

2) 처분 사유의 존부
가) 구 공인중개사법 제33조 제6호는 '개업공인중개사등은 중개의뢰인과 직접 거래를 하거나 거래 당사자 쌍방을 대리하는 행위를 하여서는 아니 된다'라고 규정하고 있는 바, 이 규정을 적용하기 위해서는 먼저 중개인이 중개의뢰인으로부터 중개의뢰를 받았다는 점이 전제되어야 하고, 위 규정에서 금지하고 있는 직접 거래란 중개인이 중개의뢰인으로부터 의뢰받은 매매·교환·임대차 등과 같은 권리의 득실·변경에 관한 행위의 직접 상대방이 되는 경우를 의미한다고 할 것이다(대법원 2005. 10. 14. 선고 2005도4494 판결 등 참조). 개업공인중개사등이 중개의뢰인과 직접 거래를 하는 행위를 금지하는 구 공인중개사법 제33조 제6호의 규정 취지는 개업공인중개사등이 거래상 알게 된 정보 등을 자신의 이익을 꾀하는 데 이용하여 중개의뢰인의 이익을 해하는 경우가 있게 될 것이므로 이를 방지하여 중개의뢰인을 보호하고자 함에 있다(대법원 2017. 2. 3. 선고 2016다259677 판결 등 참조).
나) 원고는 피고에게 제출한 위 '사실확인(진술)서'와 '추가 사유 및 소명자료 제출서'를 통해, C로부터 이 사건 아파트의 매도 중개의뢰를 받아 매수인의 중개인과 함께 이 사건 아파트의 매매를 중개하였다고 진술한 사실, 공인중개사 I는 위 실거래가 신고 정밀조사와 관련하여 2019. 11. 18. 피고에게 '매수인 D, E로부터 매수 요청을 받아 2019. 8. 24. 이 사건 아파트를 확인한 후 계약을 체결하였고, 이 사건 아파트는 X부동산에서 보여주었다'라는 내용의 '부동산 거래신고 소명서'를 제출한 사실이 인정된다.
다) 위 인정사실 및 변론 전체의 취지에 의하여 인정되는 다음과 같은 사정들을 종합하면, **원고가 구 공인중개사법 제33조 제6호에 위반하여 중개의뢰인과 직접 거래를 하였다고 할 수 없고, 이 사건 처분은 그 처분 사유가 인정되지 아니하므로 위법하여 취소되어야 한다.**
원고의 이 부분 주장은 이유 있다.
(1) 이 사건 아파트의 매수인들인 D, E는 공인중개사 I에게 중개의뢰를 하였고, 원고나 그 중개보조원인 C는 위 매수인들로부터 이 사건 아파트의 매수에 관한 중개의뢰를 받은 바 없

다. 따라서 위 매수인들은 원고의 중개의뢰인에 해당하지 아니하므로, 원고가 C로부터 중개의뢰를 받아 공인중개사 I와 함께 **이 사건 아파트의 매매를 공동으로 중개하였다는 사정만으로 거래상 알게 된 정보 등을 자신의 이익을 꾀하는 데 이용하여 중개의뢰인의 이익을 해할 우려가 있는 경우에 해당한다고 보기 어렵다.**

(2) 이 사건 아파트의 매도인은 원고가 아니라 원고의 중개보조원인 C이다. 구 공인중개사법 제15조 제2항은 '중개보조원의 업무상 행위는 그를 고용한 개업공인중개사의 행위로 본다'라고 규정하고 있으나, C의 **이 사건 아파트 매매가 중개보조원의 업무상 행위에 해당한다고 할 수 없는 이상, 위 규정에 의하더라도 원고가 이 사건 아파트의 매매 당사자로서 위 매수인들과 직접 거래하였다고 볼 수 없다.**

3. 결론
그렇다면 원고의 이 사건청구는 이유 있으므로 이를 인용하기로 하여, 주문과 같이 판결한다.

이렇듯 판례도 상황에 따라 구체적인 적용이 달라져야 할 내용들이 많다. 위의 두 가지 판례를 요약해보면, 중개법인에 소속된 중개보조원이 중개의뢰인과의 거래를 중개법인이 중개하면, 자기거래가 된다. 하지만, 개업공인중개사에게 소속된 중개보조원 소유의 주택을 개업공인중개사가 타 개업공인중개사와 공동중개한 경우에는 자기거래로 보지 않았다. 이 두 가지의 차이점은 중개보조원의 매매가 업무상의 행위에 해당한다고 할 수 없는 이상, 자기거래가 아니라는 것이다. 분명한 차이점을 알고 판례를 잘 활용하는 공인중개사가 되자.

| 제5장 |

방구대장 비법

01

비밀로 가득 찬
방구대장의 시크릿 노트

초보 공인중개사 성공 노트 무
료 나눔! 얼른 받아가세요! | ...

방구대장TV
조회수 1.1만회 • 3년 전

 내 유튜브 채널에서 내가 사용하던 수첩을 공개한 적 있다. 내가 2014년 부동산중개업을 시작하고, 그때 처음으로 만든 나의 수첩이다. 카페에서 많은 분이 다운로드 받아가셨다. 잘 사용하셨으면 좋겠다. 물론 자신의 방식으로 업그레이드를 해서 사용할 수 있다. 좋은 성과의 밑거름이 되었으면 하는 바람이다.

소공이던 당시 기억이 난다. 사무실의 대표님께 "제본기 하나 사주세요"라고 조심스럽게 얘기했다. 계약도 못하는 직원이 제본기를 사달라고? 사무실에는 이미 제본기가 있었다. 플라스틱 제본기라서 사용하는 데 불편함이 있었다. 수첩을 만들면 제본이 쉽게 풀리고, 제본 부위가 단단하지 않아 내구성이 떨어졌다. 대표님은 나를 항상 존중해주셨고, 흔쾌히 와이어 제본기를 구매해주셨다. 그렇게 방구대장 수첩이 탄생했다.

성공비법! 방구대장 수첩이라고 뭐 별거 있겠는가? 달력 넣고, 매물장 정리하기 쉽게 만들어 놓은 평범한 수첩이다. 다르지 않다. 그런데 이게 뭐라고 그렇게 자랑하고 써보라고 권유하는가?

수첩으로 성공할 수 있는 가장 큰 이유부터 알려주겠다. 그 이유는 **① 고객이 나의 수첩을 궁금해하기 때문이다.** 이해가 되는가? 내 수첩은 나를 만나기 전까지 고객이 접근할 수 없는 데이터이다. 인터넷에 널린 흔한 광고들의 조각이 아니다. 발로 쓰고 손으로 쓴 나의 땀 냄새가 진동하는 송진 같은 정보들이다. 고객은 내 수첩, 나만의 데이터에 큰 흥미를 느낀다. 고객에게 설명하는 중 수첩의 내용을 살짝 보여주게 된다. 하루 전, 일주일 전에 기록된 내용은 거짓 없는 정확한 정보라는 신뢰를 준다. 다른 사람의 업무수첩을 살짝 보았을 때 묘하게 연결된 느낌을 경험한 적 있을 것이다. 중요한 노하우를 알려주는 듯한 고마움을 느껴본 적이 있을 것이다.

중개하는 과정에서, 금액 조율의 협상과정과 내용, 그 근거를 메모해둔 적이 있다. 어렵게 적었지만 8억 줄 긋고, 7억 5천까지(몇몇 조건들), 이렇게 메모가 된 수첩의 내용을 옆에서 고객분이 슬쩍 보게 된 것이다. 웃으시면서, "7억 3천까지 맞춰주시면 계약할게요." 이렇게 해서, 매도인과 추가 협상을 통해 매매계약을 체결하게 된 것이다.

나중에 알게 되었지만, 고객은 이미 그 물건을 비롯한 여러 유사 물건에 대해 몇몇 부동산에 조사를 마친 상황이었다. 그 과정에서 내가 협상에서 제시했던 금액과 유사한 금액을 제시받았다고 한다. 더 좋은 조건으로 협상하기 위해 몇 군데를 알아보던 중 나에게 찾아오게 되었다. 내가 수첩을 보는 동안 고객도 자연스럽게 시선이 끌려, 수첩을 보게 되었다고 한다. 여러 물건에 대한 가격협상 역사를 쭉 설명해주는 것을 보고, 이 사람에게 최종 협상을 맡겨야겠다고 결심했다고 한다.

내 머릿속에 있는 것을 한꺼번에 쫙! 펼쳐서 고객에게 보여주면 좋겠지만, 고객은 그만큼의 시간을 우리에게 허락하지 않는다. 그래서 우리는 충분한 신뢰를 쌓지 못하고 현장안내를 마치는 경우가 많다. 수첩을 통해 호기심을 계속 갖게 하고, 데이터의 신뢰를 높여준다면, 고객은 나를 계속 만나려 할 것이다. **내가 미처 보여주지 못한 신뢰도 수첩 안에 쌓여 있다고 느낄 것이다.**

수첩으로 성공하는 두 번째 이유는 ② **빠른 행동에 적합한 직관적 전용 하드웨어이다.** 간단히 말해 전화통화를 하면서, 바로바로 상담할 수 있다. 손님을 만나면서 손님과의 대화내용을 수첩에 기록한다. 현장안내를 하면서, 대화내용을 바로바로 기록한다. 간단히 수첩에 기록한다. 기록하면서 느껴질 것이다. 다음에 내가 뭘 해야 하는지. 이런 느낌은 내가 다음 행동에 빠르게 착수할 수 있도록 나를 인도한다.

나 역시 사무실을 구하거나 직원 숙소를 구하면서 중개사무소를 이용한다. 현장안내를 하는 직원들을 보게 되면 하나같이 출력된 매물장 3~4장을 비닐꽂이에 꽂아서 나온다. 그리고 현장에서 매물장을 보면서 설명하고, 매물장에 있는 물건을 보고 나면 안내가 끝이 난다. 그렇게, 전화통화를 통해 얻은 고객의 요구사항을 바탕으로 현장안내를 한다. 전화통화 10분 했다면, 현장안내는 최소 30분, 1시간을 고객과 함께 대화한다. 전화보다 더 가까운 거리에서 대화하며, 현장을 비교하면서 고객의 정확한 요구를 찾을 수 있게 된다. 현장에서 즉시 기록을 하게 되면, 고객은 다음 미팅에 대해 조금 더 기대할 수 있게 된다.

휴대전화에 메모하는 분들은 꼭 수첩으로 바꿔보라고 말해주고 싶다. 손님으로서 중개업자들과 얘기하는 중 중개업자가 휴대전화에 메모하는 상황이 있다. 이 사람이 나와의 대화내용을 메모하는지, 친구와 대화를 하고 있는지 알 수가 없다. 스스로 손이 타자가 빠르고 편리해서 휴대전화가 좋다, 이런 생각 좀 버리고, 상대방이 어떻게 느끼는지도 한 번쯤 생각해보자.

수첩으로 성공할 수 있는 세 번째 이유는 ③ **흔적이고, 발자국이다.** 우리의 미래는 어떻게 될지 아무도 예상할 수 없다. 그렇지만, 당신의 일과 삶에 대해 꾸준히 기록하고 정리한 수첩이 있다면, 당신의 일주일 뒤, 한 달 뒤의 미래는 예측할 수 있을 것이다. 한 달 동안 정리한 매물들을 넘기며 비교해본다. 일의 우선순위가 눈에 보이고, 어디에 집중해야 할지 쉽게 비교가 된다. 미래가 궁금하거든 당신이 걸어온 발자국을 돌아보라. 수첩은 당신이 걸어온 정확한 발자국이 되어 줄 것이다.

이 밖에도 수첩을 사용했을 때 장점이 무수히 많다. 인지적 기능이 향상한다. 장기기억에 도움이 된다. 정보처리의 깊이가 깊어진다 등등. 이 정도 설명만으로도, 수첩을 사용해야 하는 이유를 충분히 느꼈을 것이다.

휴대전화에 아무리 잘 메모해봐라. 휴대전화 열고, 메모 보는지 유튜브 보는지. 스스로 만든 전용 수첩을 항상 들고 다녀보자. 사람들이 나를 보는 눈이 달라진다. 내가 내 일을 바로 보는 관점이 달라진다.

02

독점부동산이 될 수 있었던, 플랜 두 시

플랜이 두 시인가? 나의 아재 개그에 큰 사과를 드립니다. 내가 20살, 고등학교를 졸업하고 지방의 전문대학에 잠깐 다닌 적이 있다. 6차 모집에 선착순 합격으로 대학생이 될 수 있었다. 그래도 대학생이 되었으니 열심히(?) 공부해야 하지 않은가! 경영학 수업에서 처음 배운 경영의 가장 기초이다. 흔히 PDCA 사이클이라고도 한다.

PLAN(계획) – DO(행동) – SEE(관찰) + 보완, 개선, 피드백

이러한 과정을 말한다. 중개업을 하면서, 계획을 세우고 실천하며, 실천결과를 가지고 평가 내리고, 보완하는 공인중개사는 많지 않다. 매일매일 쏟아지는 매물과 손님들을 관리하기에 정신이 없을 것이다. 혹시라도 여유 있는 시간이 생기면 잠시의 휴식이 필요하다. 내 계획을 점검하고, 실천결과를 분석할 여유가 없을 것이다. 그렇지만, 중개

업에서 성공하고 무엇인가 이루려면, 반드시 "PLAN(계획)-DO(행동)-SEE(관찰)"의 과정을 지속해서 수행하여야 한다. 거창하게 말했다 뿐이지, 계획하고 실천하고 수정하고 계획하고 실천하고 수정하고의 반복이다.

내가 화성에 처음 부동산사무소를 개업할 때의 일이었다. 나름의 입지분석과 시장조사를 통해 창업을 결심했다. 아내의 근무지를 중심으로 반경 10km, 아내의 직업 특성상 직장과 먼 곳에 거주할 수 없었다. 더욱이 육아를 해야 하는 상황이기 때문에 직장·주거 근접이 필요했다. 대안은 화성시의 향남읍, 봉담읍, 팔탄면 정도에서 창업 또는 취업을 해야겠다는 결심을 하고, 그 안에서 세부적으로 어떤 일을 할까에 대한 고민으로 발전했다.

팔탄면은 토지 및 공장을 취급하는 부동산이 많았다. 봉담읍은 당시 아파트가 많았다. 서울, 수원의 베드타운 역할을 했다. 향남은 봉담보다 서울에서 멀리 떨어져 있다. 당장 인구와 인프라는 봉담보다 부족했지만, 택지개발지구인 향남2지구의 조성이 한창이었다. 팔탄면에서 공장 부동산, 봉담읍에서 주거용 부동산, 향남읍에서 수익형 부동산에 대한 업무가 활발할 것이라는 결론을 내리고, 향남읍에 창업하기로 했다.

나의 첫 계획은 "모텔"이었다. 포항에 근무할 때부터 모텔에 관심이 많았다. 모텔 한 건 계약하면 중개보수가 적어도 2~3천만 원, 많게는

5천만 원에서 1억 원 가까이 되니, 부동산중개업자들이 관심을 가질 수밖에. 하지만 관심만 있지, 계획을 세우고 단계별로 접근하고, 업무를 수행하는 사람은 많지 않다.

나는 모텔이 들어올 수 있는 입지를 분석하고 다른 지역과 비교를 했다. 내가 과거에 있던 포항시 오천읍의 인구는 약 5만이었고, 오천읍의 모텔 수는 상업지역에 10개, 외곽지역에 20개라는 계산이 나왔다. 세부적인 객실의 운영까지는 파악 못했지만, 모텔이 차지하고 있는 토지의 면적, 건물의 면적 정도는 토지이용계획확인원과 로드뷰, 건축물대장으로 파악할 수 있었다.

내가 있는 향남읍에는 구도심인 발안리에 모텔이 10개가 있다. 가까운 월문온천 지구에 모텔이 10개가 있다. 향남1지구에는 모텔이 없다. 향남읍의 인구는 포항시 오천읍보다 훨씬 많은 8만이다. 향남1지구의 경우, 지구단위계획으로 상업용지에 숙박시설에 대한 제한이 있었다. 그리고 **향남2지구 상업용지의 지구단위계획에 숙박시설이 가능한 필지가 지정**되었다는 것을 알게 되었다.

'틀림없이, 모텔이 잘 될 조건이다.'

모텔을 건축할 수 있는 토지 매물을 접수한 것도 아니고, 모텔을 찾는 사람에게 전화를 받은 것도 아녔다. 모텔을 팔아달라는 사람도 없었다. **하지만 나는 모텔을 조사하고 모텔을 팔겠다는 계획을 세웠다.** 모텔을 거래하기 위해서, 모텔을 찾는 사람은 나에게 찾아오도록 만들어야 했다. 그리고, 모텔의 건축이 가능한 부지의 소유자와 연락이 닿아야 한다.

    물건부터 확보하자. 토지주와의 연락을 먼저 고민했다. LH와의 계약관계이기 때문에 등기사항증명서에는 LH로만 나왔다. 그렇다면, 토지주가 만약 인터넷을 검색했을 때, 내 글을 보고 나에게 연락하도록 만들어야 한다. 때마침 인접한 상업용지의 분양계획이 있었다. "향남2지구 상업용지 매수자 대기 중"의 느낌이 물씬 풍기는 포스팅을 작성했다. "매수자 대기 중"이라는 직접적인 언어를 사용하지 않았다.

향남 상업용지 전문!!
향남대표 강남부동산!!
지나시는 길에 들러주시면~
소중한 시간, 귀한 걸음 헛되지 않게~!
도움되는 알짜배기 정보로 보답하겠습니다.

문의사항은
언제 든지 전화 주세요~~!
전화번호는 블로그 상단에 있습니다 ^^ ㅎ

PS)
요즘 정말 뜨겁게 느껴지는게,,,
상업용지 찾으시는 분들이 너무 많으세요~~

PS2)
입찰에 참여하신 모든 분들의 성공을 기원합니다 ^^
저희에게 살짝 귀뜸해 주시면~
시행예정인 개발업체와 바로 조인^^ 해드립니다 ^^

PS3)
방구대장도 얼른 돈 벌어서~
상가 빌딩 한 채 갖고 싶네요~~ ㅎㅎ

PS4)
LH 공고문 및 참고파일을
첨부문서로 올립니다.
많은 도움 되었으면 좋겠습니다 ^^

실제 포스팅 끝에 내가 사용했던 표현 그대로다. 10년 전, 무척 열정적이고 활동적인 방구대장 정광주 소장의 포스팅을 보고 많은 지주분과 많은 시행사에서 연락을 주셨다. 그중에 조건이 맞는 거래를 성사시킬 수 있었다.

"정말 이게 되는구나!"

비슷한 상업용지가 20개가 넘는다. 향남2지구의 상업용지의 첫 거래를 내가 성사시켰으니, 그 다음 거래를 성사시킨다면 누가 성사시킬 것인가? 바로 나다. **나의 두 번째 계획은 전략적 독점이었다.** 나는 첫 번째 경험을 바탕으로 그 다음 포스팅을 작성했다. 그리고 이번에는 물고기를 잡으러 물속으로 뛰어 들었다.

LH의 상업용지 입찰이 마무리되고, 계약 체결일이 다가왔다. 명함 두둑하게 챙겨서, 크로스백에 홍보자료 만들어서 LH로 들어갔다. 계약을 체결하는 투자자 또는 시행사분들이 하나둘 계약을 위해 오셨다. 나는 그 옆에 착 달라붙어서 명함을 드리면서 말했다.

"낙찰 축하드립니다. 언제쯤 사업 시작되나요?"

방구대장이라는 중개업자가 와서 다짜고짜 사업 이야기를 물어보고 명함을 준다. 그리고 지역의 부동산 거래를 분석해 놓은 자료를 준다. 분양 중인 상가들의 분양가 참고자료를 준다. 분양이 잘 되는 이유를 적어놓고 좋은 땅 샀다고 축하해준다. **대표가 도장을 찍고 있는 사이, 옆에 있는 직원은 나를 보더니 포스팅에서 봤다고, 좋은 참고가 되었다고 칭찬해준다.** 나는 거래실적을 슬쩍 던지면서, 빠른 거래도 가능하다고 여지를 둔다.

　몇 안 되는 비싼 토지들의 지주작업을 한 번에 마무리했다. 더구나 거래 사례와 실적을 바탕으로 매도인의 관점에서 거래한다는 인상을 명확하게 심어주었다. 물건은 확보되었다. 이제는 매수인을 찾으면 된다.

　상업용지의 거래는 사업 수지를 근간으로 이루어진다. 사업 수지를 분석하기 위해서는 건축 예상도면과 자금조달, 분양가 산정이 이루어져야 한다. **당시 나는 개업 1년차 초보 대표**인지라, 건축사와 직접 협업을 하기에 역량이 부족했던 시기였다. 적어도 하루이틀 꼬박 작업해야 하는 상업용 건물의 가도면 작업을 중개사가 부탁한다고 쉽게 들어줄 건축사는 없다. 처음 토지를 매입한 시행사 대표님을 찾아가서 부탁드렸다.

　"회장님, 토지 매물을 이렇게 확보했습니다. 정말 이 사업이 궁금합니다. 제가 수지를 한번 뽑아볼 수 있도록 도면 한 번 부탁드립니다."

　시행사 대표님께서 그려주신 도면을 가지고, 이렇게 돌리고 저렇게 돌려가면서 사업 수지를 뽑아보았다. 내 생각들을 포스팅하면서, 상업용지의 거래를 이어 나가게 되었다. 내 포스팅을 고객만 보는 것은 아니다. 인접한 부동산사무실도 나의 포스팅을 보고 있다. 혹시라도 다른 사무실로 상업용지에 대한 문의가 오더라도 나에게 바로 연락이 오는 시스템이 갖추어졌다.

나의 세 번째 계획은 시행이었다. 내가 직접 상업용지를 사서 토지를 매도하거나 상가건물을 짓는 것이었다. **소공 1년, 개공 1년차, 우와! 추진력 미쳤다.** 상업용지를 거래하며 얻은 **전재산을 털어서 2필지의 상업용지를 샀다.**

엄밀히 말하자면, **세 번째는 계획이 아닌, 욕심**이었다. 나의 행동으로 실천할 수 있는 영역을 넘어섰다. 눈앞의 환상을 좇아 토지를 입찰하고 계약했다. 내가 중개 거래해왔던 것처럼, 나도 잘 될 것으로 생각했다. 결국, 토지 계약금을 모두 날렸다. 계약금만 날린 것은 아니었다. 이자비용, 시간, 노력을 허비했다. 시련의 쓴맛은 덤이었다. 나의 세 번째 계획이 실패로 돌아갔다.

세 번째의 실패원인은, 내가 행동으로 만들어내는 영역이 아닌 시장의 변화에 따라 성패가 좌우되는 영역인데, 나는 그 시장의 변화를 잘 알지도 못하면서 속단했던 것. 세 번째의 실패에서 벗어나는 데 3년 정도의 시간이 걸렸고, 만회하는 데까지 총 5년 정도 시간이 걸렸던 것 같다.

이제 또다시 계획한다. 실천하고, 관찰하고, 계획하고, 실천하고, 관찰하고 다시 이루어 나가려 한다. 매도인이 있고, 매수인이 있는 상황에서 일을 시작하면 독점적 지위를 갖추기 어렵다. 매도인도 없고, 매수인도 없지만, 자신의 계획으로 시장을 먼저 열어가는 것, 독점적 지위를 갖추게 되는 출발이다. 적극적으로 계획과 실천의 반복, 중개업뿐만 아니라 부동산 시장에서 새로운 땅을 개척하게 될 것이다.

03
삐끼가 공인중개사보다 더 잘 버는 이유

부동산중개업은 자신감이다. 자신감이 없으면, 아무것도 이룰 수 없다. 생각해보라. 스스로 자신감 없이 소심하게 소개하고 안내하는 중개인과 누가 거래를 하고 싶겠는가? 중개 의뢰는커녕, 같이 있는 시간 내내 불편해서 도망가고 싶을 것이다. 확신에 찬 눈빛과 땀방울로 자신의 자신감을 펌프질하자. 나는 선천적으로 자신감을 타고났나 보다. 아니면, 성장기를 거치는 동안 부모님께서 심고 가꾸어준 자신감이 있었나 보다. **나는 지금도 자신감 빼면 시체다.**

많은 직원을 건사해보았고, 교육해보았다. 수많은 다른 사무실 대표님들을 만나고 공동중개, 협업했다. 나도 직원이었던 때가 있었고, 대표도 해보았다. 이 정도 되니 나도 눈에 딱 보이더라. 그 사람이 가진 자신감의 양과 질. 먼저 자신감의 양을 채우자. 자신감의 양은 밑도 끝도 없이 그냥 바로 채울 수 있다.

"할 수 있다!" 큰소리로 10번 외쳐라.
"나는 멋진 사람이다!" 큰소리 10번 외쳐라.

　다른 사람이 듣는 것이 부담스럽다면, 아무도 없는 대나무 숲에서, 차를 운전하면서 아무도 모르게 큰소리로 10번 외쳐봐라. 절대, 마음속으로 외치는 것은 효과가 10%밖에 되지 않는다. 큰소리로 외칠수록 효과가 크다. 가슴속에 타오르는 뜨거운 무언가가 느껴질 것이다. 뜨거운 눈물이 주르륵 흐를 것이다. 마음속으로도 외쳐보고, 글로도 써보고, 큰소리로 외쳐본 결과 큰소리로 외치는 것이 가장 효과가 좋았다. 나도 모르게 뜨거운 눈물이 흐른 적이 한두 번이 아니었다.

　난들 왜 고난이 없고 역경이 없었겠는가? 친구와 함께 투자했다가 실패했다. 내가 먼저 제안을 한 투자였다. 친구에게 늘 미안한 마음으로 대할 수밖에 없다. 그 친구는 투자의 위험은 본인의 몫이라고 나를 위로하지만, 나는 마음 한구석에 늘 빚이 있다. 물론 나도 전재산 한입에 탁! 털어 날린 상황인데, 어찌할 수가 없다. 꼼짝할 수 없다. 숨이 막힌다. 매월 지출해야 하는 비용들은 나의 숨을 더 조여온다. 마이너스 대출의 한도(나의 마이너스 통장 한도는 3,000만 원이었다. 작지도 크지도 않은)가 꽉 차고 이자들이 연체되기 시작한다. 이대로 멈추면 2~3달 후면 채권추심이 들어올 것이다. 멈출 수가 없었다. 뭐라도 해야 한다. 당장 이자도 갚아야 하고, 집에 생활비도 가져다줘야 한다.

온종일 불안과 걱정으로 힘들었다. 저녁이 되어서야 하루를 허비했다는 후회가 든다. 내 표정에 "나 힘들어요"가 그대로 쓰여 있다. 아내와 아이들이 걱정할 게 불을 보듯 뻔하다. 이대로 집에 돌아가 집안 분위기까지 어둠의 그림자를 드리우면 안 된다. 퇴근길, "잘 될 거야!", "나는 멋진 사람이야!", "할 수 있다!" 소리내 외치며 불안과 걱정을 물리쳤다. 그렇게 버티다 보니, 또 길이 열리더라.

다음은 자신감의 질을 채우자. **자신감의 질을 채우는 방법은 모르는 것을 모른다고 인정할 수 있는 용기에서 출발한다.** 모른다고 주눅 드는 사람이 있다. 반대로 모르지만, "알려주시면 잘해내겠습니다." 하는 사람이 있다. 이 두 사람의 인식의 차이, 그에 따른 성과의 차이는 엄청나다. 모른다고 주눅 드는 사람은 평소 잘난 체하는 사람이다. 잘난 체하는 사람은 자신이 잘나지 않은 상황이 되면 주눅이 든다.

반대로 "모르지만, 알려주십시오!" 하는 사람은 겸손한 사람이다. 본인이 아는 것보다 모르는 것이 더 많다고 생각하고 늘 배우려고 하는 사람이다. 인식의 차이가 느껴지는가? 머리로는 자신은 겸손하고, 무엇이든 열심히 배우려는 사람이라고 얘기하지만, 실제 태도는 그렇지 않은 경우가 많다. 자신의 행동을 잘 돌아보아라. 머릿속으로 어떻게 생각하든, 행동은 제대로 하자.

겸손한 자세로 손님을 대하고, 동료를 대하고, 업무에 임하게 되면 배움이 일상이 된다. 내가 모르는 업무를 대할 때도 부담스럽지 않다. 처음 접하는 일이지만, 차근차근 해나가면 된다. 자연스럽게 자신감의 질이 채워진다.

모른다고 시범을 보여주면 따라 하겠다고 하는 사람도 있다. 본인 스스로 이런 유형의 사람이라면 방법을 한 번쯤 바꾸라고 권하고 싶다. 물론 처음 어려운 동작을 배우기 위해서 시범을 보는 것은 중요하다. 하지만, 본인 스스로 방법에 대한 고민과 노력 없이 시늉하기 위한 것은 자기 발전에 도움이 안 된다. 시범을 보여달라고 하는 사람은 배움의 실패가 두려운 사람이다. 모름을 인정하는 용기가 없다는 것으로 다시 돌아간다.

"방법을 모르겠습니다. 알려주시면 직접 해보고 안 되면 다시 여쭤보겠습니다."

두 번 세 번 실패하더라도, 방법을 찾는 데 시간이 걸리더라도 자신이 모르고 있는 부분이 어디인지 끊임없이 파고들어야 한다. 상대방이 계속 물어보는 게 너무 귀찮아진다. "내가 한번 보여줄게"라고 했을 때 직접 보고 방법을 터득하는 것이다.

물어볼 때, 누구한테 물어보는지가 중요하다. 인허가에 관한 내용을 물어볼 필요가 있다면 인허가권자에게 물어봐라. 적어도 같은 인허가 업무의 경험이 있는 선배나 업무대행사에 물어봐라. 인허가권자나, 선배들에게 물어봤을 때, 자신의 무지가 탄로나 부끄러울 것을 걱정하는 사람도 있다. 그런 사람들은 꼭 같은 초보 공인중개사한테 물어본다. 중개보조원끼리 상의한다. 친구처럼 편하게 느껴지기 때문이다. 그렇게 해서는 배울 수 없다.

"제가 잘 모릅니다. 차근차근 알려주시면 열심히 확인해서, 잘해보겠습니다. 도와주십시오."

상가분양의 "삐끼" 영업만 하면서도 억대 연봉을 넘기는 친구들도 많다. 경기가 좋아서 "삐끼" 영업으로 억대 연봉을 달성하는 것이 아니다. "삐끼" 잘하는 친구들은 거절을 당하더라도, 때로는 약간의 무시를 받더라도 그에 굴하지 않고 계속 도전한다. 거절과 무시로 자신의 자존감을 깎아내리지 않고 끊임없이 도전한다. 세상에 돈만큼 정직한 것이 없다. 억대 연봉을 달성했다는 것은 억대의 가치만큼 일을 했다는 뜻이다.

똑똑한 공인중개사보다 자격증 없는 중개보조원이 돈을 더 잘 번다는 이야기를 들어본 적이 있을 것이다. 책 속의 배움에 국한되지 말고, 세상과 일에 대해 부딪히며 배우는 습관을 지녀야 한다. 자신감 하나로 다 할 수 있다.

만약 본인이 조금 소극적이고 자신감이 부족하다고 느끼면, 아침 일찍 일어나 운동 조금 하고, 샤워하고, **멋있는 정장을 차려입고 출근**해봐라. 내 안에서 부족한 자신감을 외부에서 조금 채울 수 있을 것이다. 실제로 외모를 깔끔하게 꾸미고, 멋있는 정장을 차려입게 된다면, 상대에게 더 큰 호감과 신뢰를 얻게 될 것이다.

마지막으로, 정말 꼭 해봐라. **자신감을 채우는 데 가장 좋은 것은, 자신의 계획대로 행동하고, 그 행동으로 성과를 얻는 것이다.** 공실열람확인표 500장 그려보면, 그 동네 원·투룸은 꽉 잡고 자신감 가득한 공인중개사가 될 수 있다. 내가 부동산을 가르치고 상담을 하면서 답답한 부분이 있다. 본인들은 간절한 마음으로 나를 찾아와 놓고, 내가 알려주면 알려준 대로 안 한다. 허황된 비법 같은 방법을 좇지 말고, 기초부터 땀 흘려 쌓아가란 말이다. 허황한 비법을 찾다가 사기당하기 딱 좋다.

04

걱정하지 마라

내가 초보 소공 시절의 이야기이다. 연초에 일을 시작했지만, 따뜻한 5월이 될 때까지 계약 한 건 없는 정말 말 그대로 생초보였다. 2월, 3월, 4월에도 열심히 했지만, 계약을 성사시키지는 못했다. 5월이 되면서 계약은 하나, 둘 나오기 시작했다. 이제 업무에 적응이 된 것 같다. 조금씩 자신감도 붙고, 일하는 것도 재미있었다. 5월에는 100만 원, 6월에는 200만 원, 7월에는 300만 원 조금씩 성과급도 눈에 띄게 늘어갔다. 직장인 월급 정도의 벌이가 되는구나 하는 느낌을 받았다. 그러던 중 시련이 찾아왔다.

부동산 비수기인 8월에도 계약을 많이 했다. 대략 계산해보니 8월에는 400만 원이 넘겠구나 하는 계산이 나왔다. 기분이 좋았다. 나에게 보상을 해주고 싶었다. 꼭 이렇게 보상을 해주고 싶은 순간이 찾아오면 사고가 생기더라.

휴대전화 대리점 직원이 사무실로 찾아왔다. 최신 휴대전화를 보여주었다. 갤럭시 S5 최고 80~90만 원 정도였던 것 같다. 목돈으로 내는 것도 아니고, 통신요금과 함께 나눠서 내면 되기에 큰 부담이 없었다. 종일 휴대전화를 들고 업무를 하기에 휴대전화에 꼭 투자해야겠다는 행위의 근거가 생겼다. 최신 핸드폰으로 바꾸고 싶은 욕심이 생겼다. 몇 개월간 벌이가 부족했던 터라 지출을 늘리는 것은 쉽지 않았다. (이 당시를 생각하니 정말 슬프네요. 휴대전화가 뭐라고) 아쉬움을 뒤로하고 다음에 휴대전화를 바꾸겠노라 약속하고 나는 계속 업무에 몰두했다.

그러던 어느 날 전세 5,000만 원 주인세대를 거래시키면 초과보수를 준다는 매물장이 팩스로 들어왔다. 당연히, 초과 보수가 있다면 위험한 거래일 가능성이 매우 크다. 당연히 깡통전세가 될 것이다. 나는 날카로운 중개사니까, 일단 계산해보았다. 당시 주변의 신축건물 시세는 7억 내외, 구축 건물의 시세는 5억 내외였다. 전세 5,000만 원인 주인세대의 건물 시세도 대략 5억 정도라고 판단했다. 은행과 개인 채무의 근저당이 2억 정도 있었다. 선순위보증금을 모두 합치니 5,000만 원 정도. 그리고 나중에 들어올 수 있는 최우선변제금을 예상해보니 5,000만 원 정도였다. 10가구밖에 되지 않는 다가구주택이었다.

냉정하게 계산을 했다. 시세의 70%까지 안전하다고 설명하는 상황이다. 최우선변제금까지 모두 포함하더라도, 3억 5천만 원을 넘지 않는다. 충분히 안전하다고 판단할 수 있고, 손님도 나의 설명에 대해 충분히 이해하고, 수긍하였다. 이건 계약을 진행해야 한다. 초과 수수료도 바라던 바이지만, 실제로 전세 5,000만 원에 넓은 주인세대에 거주할 수 있는 가성비 아이템이다. 임차인과 함께 집을 보러온 친구분들도 넓고 쾌적한데 전세금이 저렴하다고 너무나 좋아했다.

등기부와 선순위보증금에 대한 확인을 마치고 바로 계약이 체결되었다. 뿌듯함을 느꼈다. 좋다. 잘했다. 휴대전화 사러 가자. 계약을 마치고 최신 핸드폰을 샀다. 그날은 사실, 내 생일이었다. 서른 넘은 나이에 생일 그까짓게 뭐라고 휴대전화가 사고 싶던지. 첫 사업에 실패하고, 1년 동안의 공백기. 공인중개사로 진로를 결정하고도 몇 달 동안 수입 없이 전전긍긍 버텨왔다. 운수 좋은 날.

드디어 잔금을 하고 중개보수를 받는 날, 중개보수를 받아야 하는데 관리인이 조금만 기다려 달라고 한다. 집주인이 배를 타는 어부인데, 지금 바다에 있어 송금이 안 된다고 한다. 처음에는 그 말을 믿었지만, 곧 이상한 일이 터졌다. 그 집의 전 소유자라는 사람이 나를 찾아왔다. 자기가 매도를 했고, 소유권을 넘겨주었지만, 아직 다 받지 못한 돈이 있다고 얘기했다. 주인세대의 전세금을 빼서 잔금을 주겠노라고 약속을 했고, 나를 통해 임대차 계약을 했다는 사실을 듣고 찾아왔다고 한다. 당연히 잔금은 주인 계좌로 들어갔고, 나 역시 중개보수를 받으려고 기다리는 중이라고 얘기했다. 그리고 그 집에 대한 자세한 이야기를 들었다.

임대사업을 하던 중 귀찮고, 관리도 힘들고 해서, 헐값에 팔았다고 한다. 돈이 없는 사람이 그 집을 사겠다고 하는 바람에 잔금도 덜 받고, 전세보증금 빼서 주겠다는 부동산의 말을 믿고 소유권 이전을 했다. 내가 바라본 시세는 5억이었는데, 실제 그 집의 매매가는 3억이었다. 당시에는 실거래가 시스템을 확인할 생각을 못했다. 밸류맵과 같은 시스템도 없던 시절이었다.

큰일이다! 집주인은 한 달째 전화도 받지 않고, 심지어 관리인마저 잠적하였다. 중개보수를 받기는커녕, 임차인 보증금마저 걱정되었다. 임대차 계약 시에 확인한 위임장과 인감증명서, 주민등록초본이 있었다. 임대인의 주소지인 울산으로 찾아갔다. 상가건물의 옥탑방 같은 곳에 주소지가 되어 있었고, 사람이 사는 흔적은 보이지 않았다. 바지사장, 가짜 명의인을 세워 깡통전세를 만든 것이다.

초보 소공에게 이게 얼마나 큰일인가? 만약 집주인이 보증금을 돌려주지 않는다면, 전세금을 일부든, 전부든 손해를 보는 상황으로 보였다. 나는 지금 당장 100만 원의 생활비가 아쉬운데, 임차인이 전세금을 손해 볼 수 있다는 사실에 큰 자괴감이 들었다. 공인중개사협회의 공제증서가 있지만 결국 나에게 구상권이 청구될 것이다. 매일같이 블로그에 일 잘하는 방구대장이라고 떠들었는데, 전세 중개사고가 생겼다고 하니 눈앞이 캄캄했다.

매일 밤잠을 못 이뤘다. 깊은 고민에서 헤어 나오지 못했다. 건물주와 관리인이 작당했구나. 관리인이 바지사장의 명의를 이용해서 이런 일을 꾸몄구나. 조사할수록 이 일에 관련된 사람들이 계속 나왔다. 내가 확인했던 선순위 임대차 계약서들 중 가짜 임차인도 있었다. 걱정스러운 마음에 매일 그 집에 들러 계량기가 돌아가는지 동영상을 찍으며, 가짜 임차인 증거를 모았다. 하루하루 고통 속에 지냈다. 대출해준 은행의 직원(지역농협), 돈 못 받은 전 주인, 전 주인의 지인(법원에 근무한다고)과 만나고, 통화하고, 미친 짓하는 나를 발견했다. 건물주는 한 번도 연락이 닿지 않았다.

내가 사고를 쳤다는 사실을 사무실 대표님께서 말씀드렸다. 나는 "소장"으로서 직원이었지만, 합동사무소의 "대표"였기 때문에 계약업무를 단독으로 진행했었다. 대표님께서는 조용히 차분한 표정으로 한마디 해주셨다.

"이미 벌어진 일인데 어쩌겠노. 근데 왜 미리 걱정하고 있냐? 사고가 되면 그때 해결하고 그때까지는 할 일 해라."

솔직히, 처음에는 뜨뜻미지근한 선배님의 이야기가 조금 서운했다. 어차피 독립된 사업자라 본인의 책임이 아니어서 마음 편하게 말씀하시는 게 아닐까? 발 벗고 도와주시면 좋을 텐데 하는 생각이 들었다.

미친 짓을 한 달 넘게 해보니까, 대표님의 말씀이 이해가 되고 정리가 되었다. 대표님이 도와주고 싶어도 도와줄 일이 없었다. 계약은 했고, 잔금도 했고, 잘 살고 있다. 중개보수 떼인 건 사고지만, 아직 그 집이 경매에 넘어갈지, 어떻게 될지는 아무도 모르는 상황에서 나 혼자 일을 크게 키운 것이다.

비가 추적추적 내리는 날, 돌지 않는 전기계량기를 촬영하며 결심했다.

'더 못하겠다. 전세금 물어주려면 돈을 더 벌어야 해.'

어금니 꽉 깨물고 더 열심히 사는 수밖에 없구나. 그렇게 한 달 동안의 미친 짓을 포기하고 다시 일상으로 돌아왔다. 오가며 주인세대 임차인분을 몇 번 만났다. 계단실 청소가 안 돼서 본인이 청소하셨다고 한다. 전세금과 관리비가 저렴해서 참고 사신다고 웃으면서 얘기하시더라. 속으로 기도했다. 제발 집값이 많이 올라서 다른 사람이 집을 사갔으면 좋겠다. 경매되더라도 3억 5천에 낙찰되었으면 좋겠다.

그 집은 2년이 지날 때 즈음 경매가 진행되었고, 3억에 낙찰되었다. 불행 중 다행이었다. 주인세대 전입 이후, 최우선변제금으로 인정되는 세입자가 전입하지 않았다. 그 이후의 전세권자, 가압류권자 등의 채권자들은 배당을 받지 못했다.

나는 이 일을 겪으면서 조금 더 강해질 수 있었다. 다가구주택의 권리관계에 대하여 몇 날 며칠 밤을 새우며 공부했다. 최우선변제의 조건, 가짜 임차인, 전세보증금 반환채권을 위협하는 모든 상황을 연구하며 배운 점이 많았다.

정신적으로 강해졌다. 걱정을 단순한 일상으로 치부할 수 있을 수도 있다. 단순한 일상이지만, 걱정에 매몰되고 빠져나오지 못한다면, 극단적 선택이라는 종착지가 있다는 것을 느꼈다. 죽음이냐, 돌아서 뛸 것이냐 둘 중의 하나를 선택해야 하는 상황이 오는 것이다. 당연히 정상적인 사람이라면 무조건 돌아서 뛰는 것을 선택할 것이다. 저 멀리에 걱정이 보인다면 지금 당장 돌아서 뛰어라. 걱정이 너를 따라오지 못하게. 빨리 돌아서서 달릴수록 걱정에서 멀어지고, 네가 원하는 곳에 도달할 것이다. 과거를 바라보고 있지 마라. 미래만 바라보고 달려라. 걱정하지 마라.

05

눈에 보이지 않는 투자

"호의가 계속되면, 권리로 착각한다."

뭐 이딴 말이 있는데, 이 말은 너의 머릿속에서 없애라. 그리고 계속 호의를 베풀어라. 적어도 공인중개사를 하려는 사람이라면 끊임없이 호의를 베풀어야 한다. 다만, 비용이 필요한 호의에 대해서는 **"비용이 발생합니다"**라고 얘기를 하면 그만이다. 그 비용을 인정하면 받으면 되고, 그 비용을 인정하지 않으면 거래를 안 하면 된다. 그렇다고 사사건건 "비용"을 얘기할 수는 없다.

세입자가 도망간 집 2층에 사다리를 놓고 창문을 넘어 문을 개방해준 적이 있다. 물론 지금 생각하면 아찔하다. 안전의 문제도 있고, 법적으로 세입자가 문제를 제기할 수도 있는 노릇. 당시에는 그 건물주는 울산에 살면서 포항에 임대사업을 하시는 연세가 지긋하신 어르신이었다. 나를 믿고 건물의 임대관리를 계속 맡겨주시던 분이었다. 그분의 부탁을 모른 척할 수 없었다. 높은 사다리가 없어서 담장 위로 올라가서 창문을 열고 점프를 해서 창문 난간을 짚고 방으로 들어갔다. 땀이 뻘뻘 흐르는 한여름이었다. 실수하면 최소 발목을 삐거나 골절도 될 수 있는 상황이었다. 그런데 그때는 그렇게 했다. 물론 비용도 받지 않았다. 임대인과 함께 내부의 물건들을 정리하며, 동영상을 촬영해 근거를 남기고 창고에 물건을 보관하면서 그 일이 마무리되었다.

누군가는 위험하다고 피할 것이고, 누군가는 내가 왜 도와줘야 하냐고 생각할 것이다. 그런데 세상은 그렇게 딱 정해지는 거래관계만 있는 것은 아니다. 내가 할 수 있는 호의를 베풀 때, 틀림없이 나에게 돌아온다. 중개업이라면 더욱 그렇다. 이후, 그 임대인은 다른 부동산에는 안 가셨다고 한다. 물론, 직접 들은 얘기는 아니고, 내가 그렇게 해석한 것이다. 건축하시는 사장님께서, "저 양반은 요즘 여기(우리 사무실)밖에 안 오네." 이렇게 말씀해주셔서 알게 되었다. 원래는 1주일에 하루씩 울산에서 포항에 오셔서 부동산 10곳 정도 돌면서 공실현황을 알려주시는 분이기 때문에 동선이 겹치게 되어 자연스럽게 알 수 있는 상황이다.

"저 양반은 요즘 여기밖에 안 오네."

그 어떤 칭찬보다 은근 기분 좋은 말이었다.

내가 화성에서 사무실을 개업하면서 이제는 어엿한 대표가 되었다. 네이버지도에 검색등록을 하는 방법을 요약한 설명서를 만들었다. 가게마다 설명서를 주면서 네이버지도에 등록하면 홍보효과가 좋다고 알려주었다. 혼자서 못하면 사업자등록증 들고 찾아오라고 말씀을 드렸다. 그렇게 한 명씩 알아가고 도와가며 내 바닥을 다졌다. 식당에서 밥을 먹으면, 항상 사진을 찍고 맛집 포스팅을 했다. 지금이야 맛집 포스팅 자체가 상업성이 매우 강해졌지만, 당시에는 순수하게 알려주는 의도로 글을 쓰는 시대였다. 식당 사장님은 직원 숙소를 구하게 되면, 꼭 나를 찾아오셨다. 서로서로 좋은 일인데, 남들보다 내가 먼저 하면 좋지 않은가!

나는 직업군인이었다. 주변에서 전역을 만류했다. 하지만 나는 뜻을 굽히지 않았다. 같은 계급이라도 보직에 따라 근무환경이 다르다. 사계절 휴가 다 챙기고, 주말마다 여유 있는 삶을 사는 군인이 있는가 하면, 새벽부터 밤늦게까지 업무, 잡무, 하찮은 일로 썩어가는 군인이 있다. 급여는 같다. 업무의 양은 다르고, 업무의 질도 다르다. 책임의 양과 질이 다르다. 삶이 다르다.

나 스스로 3,000만 원의 일을 하고 월급으로 300만 원밖에 못 받는다고 생각했다. 내가 집행하는 예산, 관리하는 부대들, 내가 운영해야 하는 장비와 병력. 책임과 업무가 집중된 곳에서 뼈와 살을 깎고 있었다. 300만 원밖에 못 받는 직장을 때려치우고, 넓은 시장을 열심히 누비며 3,000만 원씩 벌고 싶었다. 그래야 집도 사고 차도 사고, 아내와 부모님 호강시켜 줄 수 있는 것 아닌가? 그래서 전역을 결심하고 사업을 시작했다. 결과부터 말하면 1년여 만에 망한 사업이지만, 배운 것은 몇 가지 있었다. 수업료 5,000만 원.

스스로 3,000만 원 일한다고 해도 3,000만 원이 벌리는 것은 아니라는 것을 깨달았다. 3,000만 원 일하니까 1,000만 원 벌리는 게 세상이더라. 1,000만 원은 재투자, 환급, 세금 내야 하고, 1,000만 원은 할인, 네고가 자동으로 되더라. 입장 바꿔봐라. 3,000만 원의 가치를 살지 말지 고민하는데, 1,000만 원은 깎자고 협상하는 것은 어찌 보면 당연한 것 아니겠는가. 3,000만 원은 판매자가 매긴 가격일 뿐, 사는 사람은 제값 다 주고 사려 하지 않는다.

3,000만 원 벌려면 1억 원만큼 일을 해야 3,000만 원을 벌 기회가 오는구나. 이때부터는 내가 하는 일에 가격을 매기지 않았다. 해야 하는 일이면 당연히 그냥 했고, 내가 필요한 사람이 있다면 도와주었다. 이때의 습관이 방구대장TV에 그대로 나왔던 것 같다.

지금 나는 당신에게 열정을 강요하고 있다. 당신의 열정이 무한하다는 것을 알고 있다. 당신이 못하는 일을 하라고 강요하는 것은 아니다. 할 수 있는 일이기 때문에, 즐겁게 하라고 얘기하는 것이다. 적어도 열린 마음으로 사람들을 대하고, 열린 자세로 주변을 도와준다면, 경험치 레벨이 상승할 것이다. 눈에 보이지 않는 투자는 땀으로 하는 것이다. 땀으로 하는 투자는 실패하지 않는다.

06

3개의 비단 주머니

내 책을 읽고 당신이 공인중개사라는 일에 도전장을 던질 수도 있을 것이다. 그렇다면 나는 당신에게 3개의 비단 주머니를 주고 싶다. 실제 나관중 作 <삼국지연의>에서 제갈량이 조운에 준 비단 주머니와 같은 것이다.

첫 번째 비단 주머니
"군사를 풀어 만천하에 네가 하는 일을 알려라."
자신의 사업이나 브랜드를 시장에 널리 알려야 한다. 당신이 무슨 일을 하는지 가까운 사람조차 모르고 있다면 당신은 성공할 수 없다. 과감하고 자신 있게 이름과 하는 일을 만천하에 알려라. 소심하게 알릴 필요 없다. 이 지역 최고의 전문가, 상업용지 전문, 통매매 전문, 최대한 자신감 있게 포장하는 것이 좋다.

내가 하는 일에 대해 광고를 할 때는 폭발력을 집중시키는 것이 좋다. 개업, 임시개업을 하고 한 달 두 달 정도 조용히 업무를 준비하며 부족함을 채운다. 매대에 진열시킬 상품도 가지런히 예쁘게 포장한다. 어느 정도 준비가 되었다면 폭발적으로 광고하고 홍보하는 것이다. 사람을 모으고 불러서 입에서 입으로 퍼져나가게 해야 한다.

굳이 폭발적으로 홍보하지 않아도, 아름아름 입소문이 나겠지 하는 생각은 버려라. 당신이 먼저 자신 있게 떠들지 않으면, 아무도 당신의 이름을 대신 홍보해주지 않는다. 다른 사람이 성장하는 너의 모습을 지켜봐주고, 대신 표현해주는 것은 한계가 있다. 나 스스로, 직접 내 분야에 대한 광고와 홍보를 해야만, 강렬한 인상과 직접적인 효과를 거둘 수 있다. 나는 내 일을 시작하면 적어도 100명에게 자세히 알린다. 그리고 일주일 후에는 500명, 한 달 후에는 1,000명이 되게 할 것이다. 실제로는 첫날에 500명부터 시작할 것 같다.

두 번째 비단 주머니

"힘이 있는 사람에게 도움을 요청하라."

실무에 나오면 많은 선배가 있다. 선배들과 자연스럽게 협업할 일도 많을 것인데 좋은 선배를 찾아 도움을 요청하는 것은 매우 좋은 일이다. 중개업무의 특성상 혼자서 할 수 있지만, 혼자서 할 수 있는 일의 크기는 크지 않다. 플러스 네트워크를 찾아 계속 도움을 주고받아야 높은 레벨로 올라갈 수 있다.

선배 공인중개사 이외에 도움을 요청할 사람들이 많다. 세무사, 건축사, 토목기술사, 목수 사장님, 설비 사장님, 전기 사장님, 시행사 대표님, 은행 지점장, 매도인, 매수인, 임대인, 임차인 등 정말 많은 사람과 도와가며 살아가야 한다.

도움을 받는 것에 부담을 갖지 마라. 우리가 도움을 줄 일이 많다. 힘이 있는 사람은 필요한 일과 좋은 일에 힘을 빌려주는 것을 좋아한다. 힘을 빌려주고 사람을 얻으면 후일을 도모할 수 있다. 공짜로 빌리려는 마음이 있으므로 남의 도움이 부담스러운 것이다. 절대 공짜가 아니다. 언젠가는 더 크게 갚을 생각으로 힘을 빌려라.

세 번째 비단 주머니 "안주하지 마라."

다른 사람에게 조언하는 것이 얼마나 힘든 일인가? 더구나 달리다 지친 사람에게 안주하지 말라고 다시 채찍질하기는 쉽지 않을 것이다. 나도 이 조언이 얼마나 가치 있고 필요한 조언인지 최근에서야 깨달았다.

30대 초반 중개업에 뛰어들었다. 가장 기초적인 원·투룸부터, 주택신축, 공장개발, 미분양상가를 완판시킨 분양대행사 대표까지 겪어보았다. 땅을 사서 집을 지어보기도 하고, 상가를 짓겠다고 땅을 샀다가 전재산을 날려보기도 하였다. 공장을 개발할 때, 상업용지 시행을 할 때는 무리한 투자로 벼랑 끝까지 내몰린 적도 있었다.

숱한 실패를 경험했던 사업이 반짝 빛을 발했다. 미분양상가를 완판하면서 그동안의 실패가 만회되고 약간의 여유가 생겼다. 웬만한 직장인의 급여만큼의 자본수익이 생겼다.

"정말 고생했어."

"그래 이제 좀 쉬어."

"보상받을 자격이 있어."

이런 유혹이 매일같이 머리에 맴돌았다. 유튜브에서는 "파이어족"이 되는 방법, 경제적 자유를 얻고 파이어족이 되라고 이야기를 하고 있었다.

힘든 사업을 꾸역꾸역 밀고 왔던 설움이 있었나 보다. 몇몇 사업에 실패하고 수년간 궁핍하게 살았기 때문에, 나도 호사를 누려보고 싶었다. 주말마다 외식이며, 여행이며 남들이 하니까 나도 해보고 싶었다. 편하게 사는 사람들이 얼마나 많은데, 나도 한번 그렇게 살아보고 싶었다.

그러면 안 되는 것이었다.
높아진 금리 탓에 자본 수익은 반토막이 났다.
높아진 물가 탓에 지출의 규모는 더 커졌다.
늘어난 씀씀이 탓에 절약하기가 쉽지 않았다.
아이들은 커가고 필요한 것들은 점점 많아졌다.

성취와 보람이 없는 삶은 소비로서 쾌락을 얻고 있었다. 돈을 쓰지 않으면 자존감을 채울 수 없었다. 유튜브에서 말하는 "파이어족"은 인간의 욕구를 통제할 수 있을 때 가능하다는 것을 뒤늦게 깨달았다. 자본주의는 발전하고, 내가 가지고 있는 것의 시장가치는 떨어지게 마런이다. 화폐가치는 떨어진다. 심지어 강남의 건물도 수익률이 그렇게 높지 않다. 우리가 투자하는 모든 투자대상 역시, 그 가치가 계속 오르지 않는다. 부동산, 금, 주식, 비트코인 모두가 마찬가지이다.

직장이든 사업이든 노력하고 땀 흘릴 때, 삶의 의미와 보람을 느낀다. 지금 고단하다면, 지금 힘들다면, 지금 너무 바쁘다면 그게 맞는 거다. 고단함이 싫고, 힘든 게 싫고, 바쁜 게 싫어서 그 줄을 놓아버리면, 한없이 깊은 땅속으로 곤두박질치게 될 것이다.

지금은 초보 공인중개사라고 생각할 수도 있다. 조만간 당신에게도 승리의 순간, 행운의 순간, 보상의 순간이 찾아올 것이다. 힘들었던 터널의 끝을 뚫고 환한 빛이 보이는 순간이 나올 것이다. 그 순간, **안주하지 마라. 사업을 하는 사람에게 "안주"란 단어는 "추락"이라는 의미**이다.

| 부록 |
공인중개사 현황

분기별 개업공인중개사 현황

분기	계	공인중개사	중개인	중개법인	분기	계	공인중개사	중개인	중개법인
2010/01	84,760	75,385	8,947	428	2017/01	99,163	93,872	4,268	1,023
2010/02	84,622	75,489	8,689	444	2017/02	100,105	94,950	4,118	1,037
2010/03	84,181	75,231	8,523	445	2017/03	101,276	96,153	4,049	1,074
2010/04	83,361	74,634	8,263	464	2017/04	102,100	97,038	3,959	1,103
2011/01	84,083	75,572	8,040	471	2018/01	104,304	99,241	3,899	1,164
2011/02	84,315	76,061	7,779	475	2018/02	105,102	100,123	3,764	1,215
2011/03	84,399	76,286	7,644	469	2018/03	105,413	100,492	3,668	1,253
2011/04	84,158	76,232	7,447	479	2018/04	105,547	100,728	3,541	1,278
2012/01	84,218	76,465	7,281	472	2019/01	106,562	101,792	3,468	1,302
2012/02	83,936	76,419	7,054	463	2019/02	106,750	102,075	3,370	1,305
2012/03	83,553	76,181	6,908	464	2019/03	106,430	101,833	3,251	1,346
2012/04	82,595	75,379	6,749	467	2019/04	106,699	102,132	3,173	1,394
2013/01	82,472	75,409	6,575	488	2020/01	108,437	103,886	3,075	1,476
2013/02	82,356	75,488	6,358	510	2020/02	109,345	104,884	2,987	1,474
2013/03	82,173	75,423	6,233	517	2020/03	110,396	105,941	2,954	1,501
2013/04	82,214	75,630	6,062	522	2020/04	111,016	106,599	2,891	1,526
2014/01	83,866	77,422	5,892	552	2021/01	115,860	111,258	2,965	1,637
2014/02	84,673	78,424	5,676	573	2021/02	117,737	113,053	2,954	1,730
2014/03	85,263	79,153	5,528	582	2021/03	118,652	113,984	2,877	1,791
2014/04	86,290	80,265	5,413	612	2021/04	119,108	114,429	2,829	1,850
2015/01	87,714	81,804	5,263	647	2022/01	121,543	116,809	2,794	1,940
2015/02	88,737	82,975	5,080	682	2022/02	119,006	114,404	2,591	2,011
2015/03	90,023	84,294	5,019	710	2022/03	119,005	114,397	2,544	2,064
2015/04	91,130	85,474	4,909	747	2022/04	117,721	113,172	2,453	2,096
2016/01	93,215	87,668	4,739	808	2023/01	117,745	113,223	2,386	2,136
2016/02	94,065	88,661	4,556	848	2023/02	117,870	113,404	2,384	2,082
2016/03	94,964	89,638	4,447	879	2023/03	117,148	112,817	2,285	2,046
2016/04	96,257	90,968	4,368	921	2023/04	116,083	111,817	2,206	2,060

연도별 공인중개사 응시 현황 (1)

회차	시행연도	접수자 수	응시자 수	합격자 수	합격률
제34회 1차 시험	2023년 10월 28일	179,734	134,354	27,458	20.44%
제34회 2차 시험	2023년 10월 28일	108,022	65,705	15,157	23.07%
제33회 1차 시험	2022년 10월 29일	238,779	176,016	34,746	19.74%
제33회 2차 시험	2022년 10월 29일	149,059	88,378	27,916	31.59%
제32회 1차 시험	2021년 10월 30일	247,911	186,278	39,775	21.35%
제32회 2차 시험	2021년 10월 30일	152,064	92,569	26,913	29.07%
제31회 1차 시험	2020년 10월 31일	213,959	151,666	32,367	21.34%
제31회 2차 시험	2020년 10월 31일	129,088	75,206	16,554	22.01%
제30회 1차 시험	2019년 10월 26일	183,659	129,694	27,875	21.49%
제30회 2차 시험	2019년 10월 26일	114,568	74,001	27,078	36.59%
제29회 1차 시험	2018년 10월 27일	196,939	138,287	29,146	21.10%
제29회 2차 시험	2018년 10월 27일	125,652	80,327	16,885	21%
제28회 1차 시험	2017년 10월 28일	184,760	128,804	32,969	25.60%
제28회 2차 시험	2017년 10월 28일	120,560	76,393	23,698	31.02%
제27회 1차 시험	2016년 10월 29일	163,180	112,038	29,749	26.55%
제27회 2차 시험	2016년 10월 29일	110,071	71,829	22,340	31.10%
제26회 1차 시험	2015년 10월 24일	137,875	93,185	25,956	27.85%
제26회 2차 시험	2015년 10월 24일	90,896	58,178	14,913	25.63%
제25회 1차 시험	2014년 10월 26일	112,311	75,235	16,992	22.59%
제25회 2차 시험	2014년 10월 26일	71,641	45,655	8,956	19.62%

연도별 공인중개사 응시 현황 (2)

회차	시행연도	접수자 수	응시자 수	합격자 수	합격률
제24회 1차 시험	2013년 10월 27일	96,279	62,817	14,243	25.03%
제24회 2차 시험	2013년 10월 27일	62,380	39,343	9,846	22.67%
제23회 1차 시험	2012년 10월 28일	104,649	69,335	12,711	18.33%
제23회 2차 시험	2012년 10월 28일	74,067	44,540	11,373	25.53%
제22회 1차 시험	2011년 10월 23일	106,980	72,482	9,800	13.52%
제22회 2차 시험	2011년 10월 23일	86,179	56,875	12,675	22.28%
제21회	2010년 10월 24일	127,459	67,039	15,072	22.50%
제20회	2009년 10월 25일	155,024	73,180	15,719	21.50%
제19회	2008년 10월 26일	169,434	89,428	15,920	17.80%
제18회	2007년 10월 28일	153,640	82,465	19,593	23.80%
제17회	2006년 10월 29일	147,402	79,398	10,496	13.20%
제16회	2005년 10월 30일	151,636	81,543	16,493	20.20%
제15회 추가	2005년 05월 22일	138,272	88,622	30,680	34.50%
제15회	2004년 11월 14일	239,263	167,797	1,258	1%
제14회	2003년 09월 21일	261,533	147,500	29,636	11.30%
제13회	2002년 10월 20일	265,995	159,795	19,169	7.20%
제12회	2001년 09월 16일	132,996	85,456	15,461	11.30%
제11회	2000년 09월 24일	129,608	91,823	14,855	15.90%
제10회	1999년 04월 25일	130,116	81,585	14,781	11.40%
제9회	1997년 11월 02일	120,485	69,953	3,469	2.90%
제8회	1995년 11월 12일	72,940	42,423	1,102	1.50%
제7회	1993년 11월 13일	49,602	28,114	2,090	7.40%

2023년 지역별 공인중개사 응시 현황

지역	1차 시험					2차 시험				
	접수자	응시자	응시율	합격자	합격률	접수자	응시자	응시율	합격자	합격률
총계	179,734	134,354	74.8%	27,458	20.4%	108,022	65,705	60.8%	15,157	23.1%
강원	2,359	1,725	73.1%	301	17.4%	1,447	868	60.0%	207	23.8%
경기	53,419	40,204	75.3%	8,414	20.9%	32,525	20,014	61.5%	4,817	24.1%
경남	7,271	5,441	74.8%	1,065	19.6%	4,261	2,624	61.6%	585	22.3%
경북	4,998	3,718	74.4%	708	19.0%	2,893	1,767	61.1%	367	20.8%
광주	5,066	3,730	73.6%	714	19.1%	3,021	1,833	60.7%	446	24.3%
대구	7,530	5,707	75.8%	1,142	20.0%	4,218	2,629	62.3%	554	21.1%
대전	4,737	3,519	74.3%	744	21.1%	2,731	1,672	61.2%	399	23.9%
부산	12,155	9,289	76.4%	1,823	19.6%	7,213	4,567	63.3%	1,063	23.3%
서울	45,079	33,528	74.4%	7,193	21.5%	28,225	16,804	59.5%	3,904	23.2%
세종	2,031	1,451	71.4%	329	22.7%	1,293	788	60.9%	201	25.5%
울산	2,782	2,078	74.7%	431	20.7%	1,597	1,015	63.6%	251	24.7%
인천	11,547	8,707	75.4%	1,655	19.0%	6,576	3,973	60.4%	856	21.5%
전남	3,533	2,541	71.9%	466	18.3%	1,953	1,155	59.1%	249	21.6%
전북	4,104	3,033	73.9%	590	19.5%	2,386	1,433	60.1%	284	19.8%
제주	2,247	1,705	75.9%	389	22.8%	1,372	839	61.2%	184	21.9%
충남	5,523	4,134	74.9%	740	17.9%	3,211	1,915	59.6%	436	22.8%
충북	3,911	2,855	73.0%	549	19.2%	2,309	1,397	60.5%	290	20.8%
기타	1,442	989	68.6%	205	20.7%	791	412	52.1%	64	15.5%

2023년 성별, 연령별 공인중개사 응시 현황

1. 성별 현황

성별	1차 시험					2차 시험				
	접수자	응시자	응시율	합격자	합격률	접수자	응시자	응시율	합격자	합격률
총계	179,734	134,354	74.8%	27,458	20.4%	108,022	65,705	60.8%	15,157	23.1%
여성	90,056	69,912	77.6%	14,134	20.2%	50,850	32,351	63.6%	7,924	24.5%
남성	89,678	64,442	71.9%	13,324	20.7%	57,172	33,354	58.3%	7,233	21.7%

2. 연령별 현황

연령	1차 시험					2차 시험				
	접수자	응시자	응시율	합격자	합격률	접수자	응시자	응시율	합격자	합격률
총계	179,734	134,354	74.8%	27,458	20.4%	108,022	65,705	60.8%	15,157	23.1%
10대	397	316	79.6%	46	14.6%	222	129	58.1%	18	14.0%
20대	19,554	13,401	68.5%	3,365	25.1%	11,778	6,458	54.8%	1,690	26.2%
30대	48,448	35,855	74.0%	6,799	19.0%	27,137	14,678	54.1%	3,866	26.3%
40대	57,948	43,431	74.9%	7,999	18.4%	32,836	19,435	59.2%	4,613	23.7%
50대	41,672	31,994	76.8%	7,289	22.8%	27,318	18,650	68.3%	4,060	21.8%
60대	10,897	8,673	79.6%	1,872	21.6%	8,117	5,905	72.7%	887	15.0%
70대	779	649	83.3%	86	13.3%	584	426	72.9%	23	5.4%
80대	38	34	89.5%	2	5.9%	29	23	79.3%	0	0.0%
90대	1	1	100.0%	0	0.0%	1	1	100.0%	0	0.0%

맺음말

　이 책에 부동산 창업을 꿈꾸는 이들을 위한 실질적인 조언을 담고 싶었다. 그 과정에서 많은 배움을 나누고자 했다. 창업은 용기와 노력, 그리고 끊임없는 배움이 필요한 여정이다. 이 책을 통해 여러분이 그 여정의 첫걸음을 떼고, 새로운 도전을 이어 나가는 데에 도움이 되었기를 바란다.

　부동산 업계는 끊임없이 변화하며, 그 변화에 대응하는 능력은 성공의 핵심이다. 계속해서 스스로를 발전시키고, 새로운 기술과 전략을 배우며, 이 업계에서의 성공을 이루어야 한다.

　이 책 「부동산 창업의 기술」을 통해 나와 함께 부동산중개업의 세계로 여행을 떠나준 모든 분께 감사의 마음을 전한다. 동반자가 된 기분이다. 먼 길 함께 즐거운 마음으로 같이 걸었으면 한다.

　여러분의 미래에 무한한 성공과 번영이 있기를 기원합니다.

[덧붙임]

공인중개사로서 밑바닥에서 정상까지 쉼 없이 달렸다. 하지만 정상에는 도달하지 못했다. 정상은 어디에 있는 것일까? 큰 뜻으로 책이라는 것을 썼다. 이 책에는 공인중개사의 삶, 노하우, 방법이 얼마나 담겨 있을까? 10% 정도 담겼다고 스스로 생각한다. 내가 담은 10%에 책을 읽는 분들이 90%를 채워주실 거라는 믿는다. 그리고 나는 나머지 90%도 더욱 고운 체로 걸러서 예쁘게 담아야 할 과제를 새로 받은 느낌이다.